我喜欢去博物馆,读历史,看风云。《博物馆里的周秦汉唐》,让读者近距离感受周秦汉唐巨变,即时品味数千年文明流转。历史与博物,时代与胜景,都在其中。

康震

北京师范大学文学院教授

博物馆里的周秦汉唐

张波 主编

世界图书出版公司
西安 北京 上海 广州

图书在版编目（CIP）数据

博物馆里的周秦汉唐/张波主编.—西安：世界图书出版西安有限公司，2022.8（2023.10重印）
ISBN 978-7-5192-9490-8

Ⅰ.①博⋯　Ⅱ.①张⋯　Ⅲ.①历史文物—介绍—陕西　Ⅳ.①K872.41

中国版本图书馆CIP数据核字（2022）第135394号

书　　名	博物馆里的周秦汉唐 BOWUGUAN LI DE ZHOU QIN HAN TANG
主　　编	张　波
策　　划	冀彩霞　王　冰
责任编辑	王　冰
视觉设计	卢雯君　张　欢
出版发行	世界图书出版西安有限公司
地　　址	西安市锦业路1号都市之门C座
邮　　编	710065
电　　话	029-87214941　029-87233647（市场营销部） 029-87234767（总编室）
网　　址	http://www.wpcxa.com
邮　　箱	xast@wpcxa.com
经　　销	全国各地新华书店
印　　刷	陕西龙山海天艺术印务有限公司
开　　本	787mm×1092mm　1/16
印　　张	15.75
字　　数	230千字
版次印次	2022年8月第1版　2023年10月第2次印刷
国际书号	ISBN 978-7-5192-9490-8
定　　价	78.00元

版权所有　翻印必究
（如有印装错误，请与出版社联系）

《博物馆里的周秦汉唐》编委会

学术顾问 杨恩成 康 震 任双伟
主　　编 张 波
编　　委 张 静（陕西历史博物馆）
　　　　　　耿 毅（陕西历史博物馆）
　　　　　　王 冰（西安碑林博物馆）
　　　　　　陈根远（西安碑林博物馆）
　　　　　　王 宁（秦始皇帝陵博物院）
　　　　　　芦 赵（汉景帝阳陵博物院）
　　　　　　王 莉（宝鸡青铜器博物院）
　　　　　　郭 炜（陕西省联合国教科文组织协会）
　　　　　　王云珍（西安新丝路国际交流促进会）
　　　　　　曹博华 畅 攀 崔 进 段小乐 李 昆
　　　　　　李 苗 刘汉斌 薛 芳 薛 莹 张 翼
多媒体支持 畅 攀
摄　　影 陈海诺 李 燕 张 波

序一

前两年,我在网上看到过一篇文章,主要讲述在西安修地铁的不易。据说,在修西安地铁二号线时,全线共发现了130多座古墓。从西汉王侯将相,到明代朱氏藩王,一应俱全。而且出土的文物丰富多样,价值极高。这哪是修地铁,分明是打通了一条通往历史的地下走廊。

我在陕西师范大学工作,我们学校隔壁是西北政法大学。2002年,西北政法大学在建新校区时,也偶然发现了一座古墓。在西安搞基建发现古墓,是再平常不过的事情了。巧的是,这座古墓的主人竟是西汉御史大夫张汤。张汤因办案治狱干练,深得汉武帝赏识。他为官奉公廉洁,还被后世奉为典范。在西北政法大学发现张汤墓,真可谓是找到了行业的祖师爷。

2008年,"张汤墓考古发掘纪念碑"和"廉亭"落成,成为西北政法大学校园内一道独特的风景线。时至今日,同学们每逢大考,往往都会前往纪念碑前敬献花环,追思这位行业始祖。

在西安,历史不仅是教科书上的事件纪年,还是我们生活中的一砖一瓦、一草一木。

1975年,西安市南郊的北沈家桥村出土了一枚虎符。符上的铭文表明,这是先秦时期秦国用来调兵遣将的信物。战国四大公子之一的信陵君曾经窃符救赵,他所窃之符,大概也是如此。这枚虎符现陈列于陕西历史博物馆内,被视为镇馆之宝之一。虽贵为镇馆之宝,但虎符距离我们的日常生活实在是太遥远,今天的我们很难和它产生共鸣。

前段时间,张波先生发来自己撰写的《博物馆里的周秦汉唐》书稿,请我点评批改。他在书中也提及虎符,但讲述方式却让我眼前一亮。

"符"是古代调兵遣将的凭证,更是"认证"和"加密"精神的集中体现。

"符"一般分为两个部分，两部分外形完全吻合，是为"符合"，这是一个"认证"的过程。而两片"符"的内部往往还有榫卯结构，如果榫卯结构不能吻合，两片虎符也将不能"符合"，这是"加密"。

今天的我们去银行办理业务，面对摄像头完成实名"认证"，再输入密码，对自己的财产安全进行"加密"保护。我们回家时，要先在指纹锁上录入指纹完成"认证"，再输入密码，破解"加密"保护，然后温馨的家门才能向我们敞开。这样的操作和古代查验虎符不是同样的原理吗？

正如书中所言，虎符所承载的"认证"和"加密"精神，千百年来就一直陪伴着我们，是我们日常生活的一部分。张波先生的讲述方式独特新颖、通俗易懂，像是一把打开博物馆大门的密匙。

西安作为十三朝古都，华夏文明在这里遗留下了丰富的文化遗存，也因此获得了"立体历史博物馆"的美誉。《博物馆里的周秦汉唐》一书，依托陕西境内的数座博物馆，讲述了近百件文物的故事。张波先生娓娓道来，讲述文物的前世今生，探访文物的时代价值，拉近了日常生活和历史文化之间的距离。

今天的人们往往有这样的困惑：我们距离历史有多远？其实，我们和历史之间，往往只隔着一座博物馆，以及一把打开博物馆大门的密匙。

杨恩成

陕西师范大学文学院教授

序二

  泾渭之浽、陕原以西，中华文明的乡愁在此以寄。念去去，关中斯地，十数王朝俱往，陈迹礧硊充塞，文籍版图屡蒙秦火，城垣雉堞崩剥殆尽。然金银铜铁俱在，陶瓷玉石皆存，加之无尽之古葬、古建、石刻、石窟，亦蔚为闳廓深远的华夏气派。是以万里之风同，九州之俗贯，是有宗法之伦绪，礼乐之秩序，天下之公行，是成修齐治平、尊时守位、知常达变、开物成务之致用，此皆吾国之精神，吾民之基因。

  赫赫宗周，分封以建立戍守与管理体系，统治前所未有之广袤疆域，这种分邦建国的模式一直延续到封建王朝末期。制礼以别亲疏尊卑，看似繁缛的册封、赏赐、朝贡、觐见、馈赠、通婚等仪轨，以及规格数量严格有秩的食器、酒器、水器、乐器等吉金，实为权利与义务运作之辅翼，也用以表征上下界别，维护统治秩序。关中是凤鸣岐山的周人肇兴之地，贵族群聚，宗庙世守，灿灿夺目的青铜文明于此地为盛，如陕西历史博物馆之利簋、旟鼎、五祀卫鼎、多友鼎，宝鸡青铜器博物院之厉王㝬簋、墙盘、何尊，都是难得之重器，其刀刻斧凿的金石铭文，能与《史记》《尚书》《诗经》《国语》等文献互证，是感受周人国风最直接的材料。

  纠纠大秦，以法为尊，以力张势，奋之爪牙，禽猎六国。奋六世余烈，振长策而统御，以废分封、建郡县、车同轨、书同文、一天下。云梦秦简"黑夫"和"惊"家书的背后，是秦国百年勠力，联华夏为一体，抟为大群，以与匈奴百越一决雌雄之雄心。而秦国半两凭借己身之重量、大小、铸造方式、携带方式，与列国钱币"生存竞争"、优胜劣汰的逻辑也正与秦人振起天声、廓清玉宇的内在逻辑同出一揆。更遑论秦子镈、秦公鼎、秦公镈、秦公钟、商鞅方升、杜虎符、秦木版地图、云梦秦简、秦诏版、两诏秦权、秦车马壁画图、秦兵马俑等重器，大秦帝国政治、经济、军事、文化等诸端尽在此矣。百代犹行之秦政法，于此在在可征。

巍巍强汉，文武是攘，汉祖如日之升，讨秦灭项，廓开大业。文景与民休息，七十载国家无事，海内安宁，万邦怀仁。汉武罢黜百家，独尊儒术，威震百蛮，恢拓土疆，封天禅土，功越百王。到边城晏闭，牛马布野，黎庶无干戈之役的孝宣之世，强汉蓬勃向上、雄健刚毅、开拓进取的性格终于底成。与之相对的关中五陵，埋葬着汉兴的秘辛。长陵皇后之玺螭虎匍匐，体态矫健，是潜伏爪牙，对匈奴的隐忍。茂陵鎏金铜马昂首翘尾，四腿直立，有一发千里之势，是四夷并破仰赖之天马。至于鎏金银竹节铜熏炉、茂陵石雕起马、茂陵石雕石牛、马踏匈奴石雕，皆展露出我民族自信浪漫的性格底色。

泱泱盛唐，兼收并蓄，承三代秦汉之优良传统，纳东西南北之外来文化，创造性地发展出具有宏大气魄、散发无尽魅力、包含无穷趣味之盛唐风华。"竹批双耳峻，风入四蹄轻"的昭陵六骏，还有唐宗亲履兵锋，衣沾马汗的遗影。《捧盒男装侍女图》里的唐女修仪容、善吟唱，追求自我，胡服男装，肆意张扬着个性。三彩骆驼载乐俑上，胡风胡俗的"异乡客"通过古老的丝绸之路，来到梦寐的东土帝国，客居胡姬酒肆中。鎏金舞马衔杯使人想起千秋节上百余匹舞马，奋首鼓尾，纵横应节，旋转如飞，屈膝祝祷，献寿无疆，让一个王朝的盛世繁华重现。

浩浩国史，琳琅国珍，终博大而难以尽观、常览。是以作者张波先生将四代文物精粹尽囊一册，挹周秦汉唐美妙之姿于耳目之前，罗长安珍重之宝于方寸之上，左图右史，文辞质朴，详备有法，以供读者清赏。

中国好书年度榜获奖作者

自序

  2020年初,一场突如其来的新冠肺炎疫情袭扰全球,世界顿时失去了机器的轰鸣声,也再难觅商务差旅的脚步匆匆。全国各地的大街小巷上,唯见"戴口罩、勤洗手、多通风"的标语。

  及至三月,春和景明,疫情稍缓。一个偶然的机会,我陪孩子来到陕西历史博物馆参观。看到它盉与它盘,顺便向她讲述古人"勤洗手"的习惯以及周礼中的"沃盥之礼"。讲述完毕,伫立良久,感慨不已。日常生活与历史文化,距离咫尺,我竟从未发觉。

  后来因为工作所需,我和我的同事们又多次走进博物馆,在周原故地寻访青铜时代的文明印迹,于骊山脚下探求秦扫六合的时代精神,登临五陵原领略大汉风华,徜徉长安城感受盛唐气象。

  华夏文明,灿若星河。如果一定要以博物馆里的某些文物来概括一个历史时期的社会风貌和文化特性,未免有以偏概全之嫌。然而,在书本和博物馆之外,恐怕再也难寻日常生活和历史文化之间的媒介了。于是我尝试探访文物的前世今生,讲好文物的中国故事,并以陕西省境内的数座博物馆为基础,尽可能串联起周、秦、汉、唐等不同历史时期的历史梗概。

  讲完这些故事,已是2021年初冬时节。全球疫情整体趋缓,多国已经重开国门。相信此疫过后,构建"人类命运共同体"将成为"地球村"的共识,全世界也将史无前例地迫切需要中国智慧和中国方案。

  希望这本书能够引导更多的人走进博物馆,在华夏文明的遗存中汲取智慧养分、坚定文化自信、筑牢精神基石、从容走向世界。

秦军 骊山陈兵 寰宇称奇 103

- 玖 秦始皇帝 105
- 拾 地下军团 119
- 拾壹 大国工匠 135

汉风 五陵帝冢 治世雄风 141

- 拾贰 汉家陵阙 143
- 拾叁 文景风貌 159
- 拾肆 丝路古今 171

唐韵 千载碑林 万世长安 181

- 拾伍 碑林访唐 183
- 拾陆 大唐真卿 201
- 拾柒 书有五体 211
- 拾捌 荟萃长安 223

终章 扶轼瞻远 顾辙思由 233

目录

序章 博闻强识 物览华夏 001

- 壹 史前子遗 003
- 贰 周原旧事 013
- 叁 秦人之路 025
- 肆 汉水悠长 035
- 伍 桐叶封唐 045

周礼 周原重器 封建制礼 061

- 陆 何谓中国 063
- 柒 藏礼于器 075
- 捌 青铜文明 087

序章

博闻强识　物览华夏

　　三秦大地是华夏文明诞生和成长的重要地区。在中国历史上，无论是石器时代的先民，还是最为强盛的周、秦、汉、唐等王朝都曾以这里为中心，创造出了璀璨的文明。

　　早在旧石器时代早期，在这片神圣的土地上就已经出现了蓝田猿人的足迹。母系氏族社会晚期，半坡先民在西安浐灞之滨建造村落、渔猎采集、制造陶器，他们的彩陶器皿上还出现了中国最古老的文字符号。陕西宝鸡是周人的发祥地，西周青铜文化遗存极为丰富，是中国著名的"青铜器之乡"。秦人也是从这里兴起，经历了九都八迁后，最终纵横捭阖，一统天下。西汉定鼎长安，经济繁荣，文化昌盛，"长治久安"也成为了中国人对国家、民族未来的美好祈愿。唐朝以其博大胸怀，赢得万国来朝，唐长安城更是当时世界上不争的文明中心。

　　陕西历史博物馆是中国历史上第一座国家级的大型现代化博物馆，馆藏文物170余万件（组）。这些藏品时间跨度长达一百多万年，而且数量多、种类全、品位高、价值广，汇聚着三秦大地的历史文化精髓，也勾勒出了华夏文明的主脉络。

壹 史前孑遗

陕西省地处黄河流域中游，气候温润，河川纵横，地貌类型丰富，非常适合古人类繁衍生息。考古研究发现，早在110多万年前，三秦大地上就已经有了古人类的踪迹。

蓝田猿人

1963年，中国科学院古脊椎动物与古人类研究所调查队来到陕西，在西安市蓝田县的陈家窝发现了一个猿人的下颌骨化石。次年，著名学者贾兰坡和他的考察队又在蓝田公王岭发现了一个中年女性头盖骨化石。

因为这些猿人的化石都是在蓝田发现的，根据国际科学命名惯例，这一人种即被定义为直立人蓝田亚种，我们通常称之为蓝田猿人。

1965年5月31日，蓝田猿人报告会在北京召开。时任中国科学院院长的郭沫若在会上指出："蓝田猿人头盖骨的发现，是我国科学家对研究人类起源的又一重大贡献。"

陈列于陕西历史博物馆的蓝田猿人头盖骨化石，是我国唯一现存的猿人头盖骨化石。这个头盖骨骨壁较厚、眉嵴粗壮、额骨很宽且微微向后倾斜。这些特征表明，蓝田猿人还处于人类进化的早期阶段。

蓝田猿人生活在大约110万至115万年前，属于旧石器时代早期，是迄今发现的亚洲北部最早的直立人。他们通过捕猎野兽，采集植物根茎和果实充饥果腹，并且打制出了石质生产工具，在原始的自然环境中挣扎求存。虽然他们使用的石器还很粗糙，但从外形上来看，这些石器已经具备了砍砸、穿刺、削刮等基本的生产功能。

在公王岭化石层还发现了炭屑以及燃烧所产生的灰烬。学者们认为，这可能是蓝田猿人使用火的遗迹。火能取暖，可以炙烤食物，还能抵御野兽。火的使用给原始人的饮食习惯和生活生产方式都带来了革命性的变化，也进一步改良了他们的营养结构，在人类进化过程中起到了助推器的作用。

蓝田猿人头盖骨化石

蓝田猿人使用过的石器

人和猿的区别，在于人类学会了制造和使用工具。毛泽东曾在《贺新郎·读史》中写道："人猿相揖别。只几个石头磨过，小儿时节。"蓝田猿人所生活的年代，正是人类进化史上的"小儿时节"。

蓝田公王岭

考古工作者在公王岭的土层下还发现了大熊猫、东方剑齿象等动物化石。

半坡先民

人类社会发展到新石器时代，原始的氏族公社文化遗存在陕西境内也多有发现，其中以位于西安市东郊的半坡遗址最为典型。

半坡先民生活在新石器时代晚期，距今大约有 6000 年。"半坡村"布局科学合理，村落的外围是宽大的壕沟，可以保护村落免遭野兽侵袭；村落内部居住区、制陶区、墓葬区等功能区的分布井然有序。居住区的房屋为半地穴式，有圆形，也有方形。在居住区的"民居"中间，还建有面积较大的房屋，这可能是氏族成员的公共活动场所。

半坡先民们除了采集野果、捕鱼打猎之外,还学会了种植蔬菜和粟等旱地作物,从此有了稳定的食物来源。家畜饲养是他们所掌握的另一项技能,狩猎过程中所得到的过剩猎物,如猪、牛、羊、马、狗等动物逐渐被驯化,成为重要的肉食来源和生产生活中的得力帮手。

　　在那个由女性主导社会生产和分配的氏族社会中,半坡先民居有定所,日出而作,日落而息。为了满足日常需要,人们还抟土为器,制作出了大量功能各异、形制多样、科学实用、图案丰富的彩陶器皿。

半坡先民生活场景

彩陶尖底瓶

彩陶尖底瓶被认为是一种汲水用的器皿，瓶身通常呈"阔腹、尖嘴、尖底"状；腹两侧有耳，对称分布，可以用绳索从耳中穿过，或提或背，方便携带。取水时，在水中浮力和瓶子外形的共同作用下，瓶子一接触到水面就会自然倾斜，引水流入；注水后的瓶子又会因为重心下移而在水中竖立，且腹中的水不会外漏。这种自动汲水的奇妙现象，是近代物理学重心原理和定倾中心效应在生产生活中的实际应用。

半坡遗址出土的尖底瓶数量众多，如此精妙的外形设计绝不可能是出于偶然。半坡先民的卓绝智慧和创造力在这个小小的陶瓶上得到了完美的体现。

除了实用的汲水功能之外，尖底瓶还是一种欹（倾斜之意）器。孔子带领众弟子去鲁桓公庙时就看到过这种器皿。孔子见它外形奇特，便询问守庙人。守庙人回答说："这是一种放置于座位右侧的器皿，用来时刻警醒世人。"孔子说："我听说这种器皿，当它腹中没有水的时候，会自然倾斜，引水注入；当腹中装一半水的时候，便能保持端正；而如果装满了水，则会立即倾覆。"

孔子随即让弟子取水实验，果如守庙人所言。于是他不禁感慨道："这个世界上哪有自满而又不倾覆的人呢！"

"虚则欹、中则正、满则覆"，这则记载于《荀子·宥坐》的故事所讲的道理，千百年来一直告诫人们要秉持中庸谦逊之道，不可自满。

作为欹器，尖底瓶的象征意义已远超其实用价值，所以它还有一个更为人所熟知的名字——座右铭器。

彩陶尖底瓶

人面鱼纹盆

著名的人面鱼纹盆也出自半坡遗址,它是仰韶文化彩陶器皿的代表作之一。

盆内底的图案怪诞不羁,而又充满生活气息。人面上戴着像帽子一样的尖顶饰物,人脸呈圆形,鼻子则是三角形,嘴的左右两边各衔着一条小鱼,像是滑稽剧演员的八字胡。

人面和鱼纹都是半坡彩陶器皿上常见的装饰图案。对于这些图案,国内外专家看法各异,总结起来大约有三十种不同解释。大部分人认为,这是人类早期真实生活的写照和图腾崇拜的体现。半坡先民依水而居,鱼类是他们重要的食物来源。鱼又是一种繁殖能力极强的脊椎动物,在生活条件简陋、人口出生率相对低下的原始社会,先民们对鱼产生崇拜似乎也不足为奇。

人面鱼纹盆的底部还钻有两个小圆孔。在原始的环境中儿童的成活率并不高。每当小孩夭折后,父母都会把孩子的尸骨放到一个陶瓮中,再把底部钻有小孔的陶盆倒扣在瓮口,然后

人面鱼纹盆

序章 博闻强识 物览华夏

带有刻画符号的彩陶器皿

彩陶器皿残片

埋葬在自家房屋附近。这种以瓮为棺的埋葬方式叫做"瓮棺葬"，在原始社会晚期非常普遍。陶盆上面的小孔，是为了方便已故小孩的灵魂自由出入而特意预留的。可见，当人类社会发展到原始社会晚期，人们已经有了灵魂不灭的观念。

在半坡遗址出土的彩陶器皿上还出现了大量的刻画符号。这些符号虽然笔画简单，但形状规则且内容丰富。学者们普遍认为，这些刻画符号很可能具有一定的含义，因为在其他地区的仰韶文化遗存中也有类似的发现。

中国科学院原院长郭沫若在看到这些符号后断言:"彩陶上的那些刻画记号,可以肯定地说就是中国文字的起源,或者中国原始文字的孑遗。"

从蓝田猿人到半坡先民,人类经过上百万年的进化,脑容量也在逐步增加。专家测量发现,蓝田猿人的脑容量只有大约780毫升,而半坡先民的脑容量已经高达1450毫升了,与现代人1500毫升的脑容量相差无几。伴随着脑容量的增加,人类适应和改造自然的能力也在与日俱增。从半坡村落透出的智慧之光即将划破蛮荒的长夜,华夏文明的曙光在三秦大地上若隐若现。

彩陶器皿上的刻画符号

贰 周原旧事

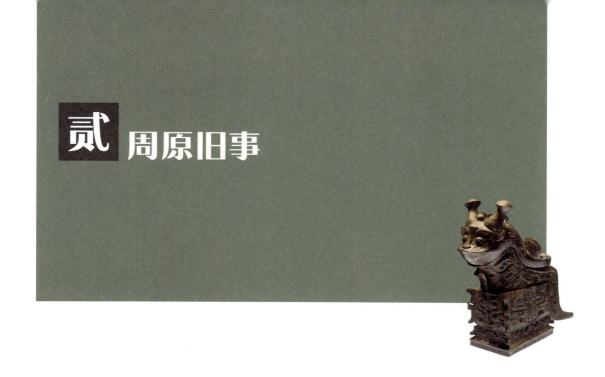

周人的始祖名叫"弃",也就是传说中的农耕始祖后稷。他的母亲名叫姜嫄,是传说中五帝之一帝喾的元妃。相传姜嫄有一次外出,因踩踏巨人的足迹而怀孕生子。儿子出生后,姜嫄认为他不吉利,便把他弃至荒野陋巷。但这个男婴总能得到大自然神奇的庇护,始终安然无虞,于是姜嫄又将他抱回,抚养成人。因为他曾经被遗弃过,所以得名"弃"。

"弃"长成后因擅长种植庄稼,被尧帝任命为农师,有功,封于有邰,号曰"后稷",赐姓"姬氏"。他在"邰"(今陕西武功)教民稼穑、树艺五谷,姬姓部族也开始在这里繁衍生息。

后来因为外族的袭扰,"后稷"的后代们被迫数次迁徙。先是来到了"豳"(今陕西彬州),然后又向西南迁徙,最终在渭河流域岐山以南的周原(今陕西扶风和岐山附近)定居了下来。

博物馆里的周秦汉唐

后稷像

因为这一支部族长期在周原生活，于是他们就被其他部落称为"周"。

到了商朝，周原的姬姓部族进一步壮大。他们的首领季历娶妻商室，还被商王文丁封为"牧师"，成为殷商王朝在国土西部的诸侯之长，即西伯。但随着周人势力的不断发展和商王朝的日益衰落，周与商之间的矛盾也日益凸显。为了遏制周人的发展，商王文丁对季历实行了囚禁，直至他离世。从此，周人对商王朝心存芥蒂。

季历死后，他的儿子姬昌继承了他的西伯侯之位。姬昌勤政爱民，又得太公望辅佐，各路诸侯纷纷前来归附。天下三分，周得其二。

到了姬昌的儿子姬发时期，从前的小邦周已深得民心。于是姬发联络各路诸侯，在牧野（今河南淇县东南部）誓师伐商，一举推翻了大邑商的统治，建立了周朝。

周朝建立之初，以丰镐（今陕西西安附近）为京。公元前771年，犬戎人攻破镐京。次年，周平王被迫迁都洛邑（今河南洛阳）。由于丰镐地处国土西部，东迁前的周朝通常被称作西周，东迁后的周朝则被称为东周。东周以"三家分晋"或"田氏代齐"为标志，又可分为"春秋"和"战国"两个时期。

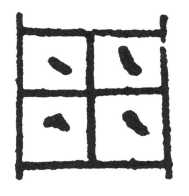

甲古文中的"周"

商朝甲骨文中的"周"字，像一块被划分成若干方田的土地，指一个农业发达的地区。周族即以擅长农耕而闻名。

博物馆里的周秦汉唐

　　有周一代，每逢天子举行重大庆典、王公大臣接受天子赏赐或达官贵族祭祀祖先，人们都会铸造不同形制的青铜器皿，并且在器身上铭文以作纪念。得益于此，西周时期有许多铸工精湛、造型雄奇的青铜重器流传至今。这些青铜器既是历史的亲历者，也是历史的承载者，他们从一定程度上反映出了当时的社会生活风貌。

五祀卫鼎

序章 博闻强识 物览华夏

五祀卫鼎

周共王五年正月的一天，一个叫"卫"的人在夕阳的余晖中久久凝视着城邦主"厉"的一片肥沃田地。他是周王室内部负责管理裘皮的官员，人称"裘卫"。"裘卫"曾替"厉"整治东部山川水道，因而"厉"承诺置换给他一片靠近水源的良田。或许"厉"后来发现这笔交易并不划算，对自己草率的承诺感到后悔，所以土地交割手续久久未能履行。"卫"担心"厉"反悔，于是独立黄昏、

五祀卫鼎铭文拓片

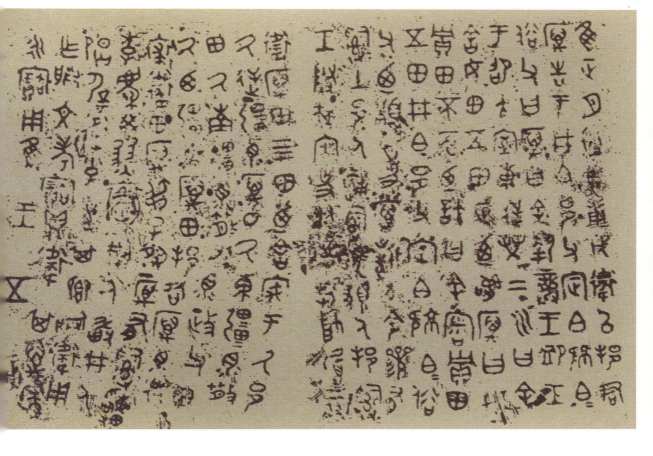

凝望良田，苦苦思索着应对之策。

最终"卫"决定把这件事报告给刑伯、伯邑父、定伯等几位王室大臣，请求他们为自己做主。在这几位大臣的努力协调下，"厉"最终表示愿意履行约定，并且当场立下了誓言。大臣们又立即安排三有司（司徒、司马、司空）和内史进行实地勘察，划定界限，并主持办理了相关交割手续。为了表示感谢，"卫"在事成之后还宴请了在交易中给予他帮助的官吏以及"厉"的弟弟和管家等人。

"卫"认为置地事件最终能如愿以偿，首先要归功于祖宗神灵的庇护。于是他铸造了一尊宝鼎以作纪念，是为五祀卫鼎。

鼎是西周青铜器中最常见的器物之一。它本来是一种烹饪之器，相当于现在的锅，用以炖煮和盛放食物。许慎在《说文解字》里对鼎的解释是："鼎，三足两耳，和五味之宝器也。"

1975年正月，宝鸡岐山县农民在犁地时意外发现了五祀卫鼎。鼎内壁上铸的铭文，共19行207字，记载了上述土地交易事件。

《诗经·小雅》记载："普天之下，莫非王土，率土之滨，莫非王臣"，这说明在周朝，普天下的土地名义上都属于周天子所有。然而当周朝的江山社稷传到周穆王手上时，他因坐享太平，又喜好"自驾"远游，致使王室财政严重空虚。继位的周共王为了增加财政收入，被迫实行了土地私有制，允许土地自由买卖。但王室要在交易中抽取税金，而且土地的转让、交换和买卖，还需通过王朝重臣来主持。

土地私有被认为是西周王权衰落的标志之一，五祀卫鼎上的铭文是西周中期实行土地私有制的例证。铭文中还出现了明确的纪年，因此五祀卫鼎也是判断西周中期青铜器的标准器。

日己觥

日己觥于 1963 年在陕西省扶风县齐家村重见天日。从器皿上的铭文判断，这是"天氏"为纪念已经去世的父亲"日己"而铸造的祭器，希望祖先的光辉能庇护子孙万代。与日己觥同时出土的还有日己方彝、日己方尊，以及它盘、它盉等珍贵青铜器。

日己觥器身呈长方形，通高 32 厘米，长 33.5 厘米，腹深 12 厘米。器身上有盖，盖前端的造型是双柱角夔龙头，后端是虎头的形状，器皿的中脊是一条小龙，两侧均装饰有长尾凤鸟纹。日己觥器身的纹饰采用了浮雕手法，神秘奇特的造型和豪放粗犷的纹饰组合巧妙，是西周青铜器中难得的艺术精品。

日己觥

觥,是一种盛酒器,也可作为饮酒器使用,最早出现于商代晚期,一直延续至西周中期。在已出土的西周青铜器中,觥的数量比较少,文物大省陕西也仅存三件。除了日己觥之外,还有商代的牛觥以及西周中期的折觥。到了西周后期,觥逐渐变得不常见,可能是贵族们的生活方式和宴饮习惯发生了变化,觥也就被时代潮流所抛弃了。

柞钟

柞钟,西周晚期文物,1960年出土于陕西省扶风县齐家村。"柞"是铸钟人的名字。柞钟上铸有铭文,记录着它的身世。大意是说:"柞"在三年四月甲寅这一天受到周王的册命和赏赐,感到非常荣幸,因此铸钟作为纪念。

柞钟共有八枚，纹饰基本相同，大小依次递减，是现存西周时期个数最多的一组编钟。

钟是一种乐器，演奏时乐工手持丁字形木槌，敲击钟的中间和转角处，从而演奏出音乐。中国古代的音乐共有宫、商、角、徵、羽五个音阶，分别对应现代简谱中的1、2、3、5、6。《周礼·春官》中有"皆文之以五声，宫商角徵羽"的记载，可见西周时期的音乐，理论上已经实现了"五音齐备"。但考古出土的西周编钟通常只能奏出宫、角、徵、羽四个音阶，柞钟也概莫能外。学者推测，这可能是因为周人伐商而兴，为了表示对前朝的敌视，就故意去掉了"商"这一个音阶。

今天我们常以"五音不全"来形容一个人不通音律，这应该是以西周时期的编钟为参照的。因为到了战国时期，编钟就已经能演奏出七个音阶了。

柞钟

牛尊

牛尊是一件设计精美的西周中期青铜器，器身以云纹和夔龙纹作为装饰，构图疏朗，庄重大气。与商末周初青铜器上神秘怪诞的装饰风格截然不同，牛尊给人以强烈的艺术美感和易于理解的亲切感。商代青铜器的造型和纹饰往往较为怪诞和抽象，通常反映的是神圣的王权或神的意志。到了周代，人文精神逐渐取代神的意志，像牛尊这样的器具才开始更多地走进贵族们的日常生活。

牛尊完整地塑造了一头牛的形象，并且巧妙地利用牛的各个部位，实现了它作为一尊酒器的实用功能。牛尾作把、牛腹盛酒、牛嘴倒酒，如此精妙的外形设计兼顾实用和审美，巧夺天工，独具匠心。

牛尊

牛是我国古代最早驯养的家畜之一,在漫长的农耕社会,它一直是最重要的畜力。酒尊中出现牛的造型,也是农业文明发展到一定阶段的必然结果。

华夏文明,源远流长。西周中期之前的历史,至今依然缺乏文字考证。从司马迁在《史记·周本纪》中所记载的"弃"的传说来推测,周人的先祖最早可上溯到母系氏族社会晚期。这一时期也正好是原始农业的大发展阶段,"民知其母,不知其父"的社会现象则是母系氏族社会走婚制的体现。史学家追溯至此,已再难找到任何历史的蛛丝马迹了。

播种图(唐李寿墓壁画摹本)

纵观世界历史，幼发拉底河和底格里斯河孕育的苏美尔文明与尼罗河孕育的古埃及文明都比华夏文明更早进入青铜时代。但两河流域一直没有形成过真正意义上的统一国家，文明也数度中断，古埃及的法老们则是把更多精力倾注在了金字塔上。所以这两大文明几乎都没有了青铜时代的文明印迹。

幸运的是，在陕西宝鸡的周原地区陆续出土了数量众多的青铜器皿，它们以及器身上丰富的铭文，将一幅三千多年前的社会生活画卷徐徐地呈现在我们面前。

牧牛图（唐李寿墓壁画摹本）

叁 秦人之路

在西安市以东的骊山上,巍然屹立着一座烽火台。古时的烽火台白天施烟,夜间点火,台台相连,以此传报军情。西周末年,周幽王为博褒姒一笑而烽火戏诸侯的故事就发生在这里。

公元前771年,申国联合北方少数民族犬戎攻入周朝都城镐京,并在骊山脚下杀死了周幽王。周幽王死后,太子姬宜臼被诸侯们拥立为天子,是为周平王。犬戎入侵,国都沦陷,平王被迫迁都。时为周王室附庸的秦部族在首领嬴开的带领下出兵护送,直至天子平安抵达洛邑(今河南洛阳)。周平王大悦,顺手把王室无力控制的岐山以西的大片土地分封给了秦人。

天子分封，秦人自此立国，成为诸侯之一。嬴开即是秦国的开国之君——秦襄公。襄公之后，秦有为之君辈出。

春秋时期，秦穆公移风易俗，称霸西戎；战国时期，秦孝公任用商鞅，变法图强。他们都为秦国的崛起奠定了坚实的基础。

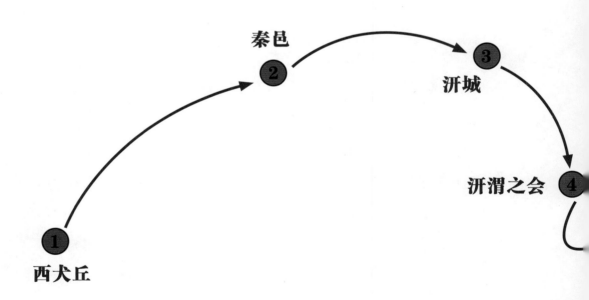

战国末年，秦王政奋六世之余烈，席卷天下，包举宇内，囊括四海，并吞八荒，结束了数百年的诸侯纷争，创立了统一的中央集权国家——秦朝。

从秦国到秦朝，秦人的足迹贯穿了整个春秋战国，是一个时代的缩影。现存于陕西历史博物馆的秦代文物遗存丰富多样。以管窥豹，可见历史之一斑。走近这些文物，我们隐约能触摸到秦人锐意进取的脉搏。

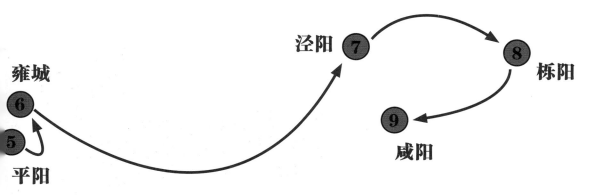

秦"九都八迁"示意图

秦公一号大墓模型

陕西宝鸡凤翔，古称雍城，是秦国"九都八迁"过程中建置时间最长的国都。公元前677年，秦德公定都雍城，直到公元前383年，秦献公才从这里迁都至栎阳（今陕西阎良）。雍城作为秦国都城近300年，见证了秦国走向强盛的历史进程。秦国历史上共有19位国君在雍城料理政务，秦景公便是其中一位。

秦景公执政秦国40年，功勋卓著，逝世后也葬在了雍城。他的墓葬是我国迄今已发掘的最大的先秦古墓，这里还出土了我国最早的墓碑、最早刻有铭文的石磬，以及我国考古史上数量最多的人殉实例。更令人惊叹的

石磬

是，秦景公的葬仪竟然采用的是"黄肠题凑"这一周天子所独享的规格。

所谓"黄肠题凑"，是安置在棺椁以外的一种木质结构。"黄肠"是指堆垒在棺椁外的去了皮的柏木，"题凑"是一种用木头层层平铺的垒筑方式。"黄肠题凑"一方面有利于保护棺木，使之不受损坏，另一方面也是墓主显赫身份和地位的象征。

春秋时期周室衰微、社会动荡、礼崩乐坏，但像秦景公这样公然采用天子葬仪的现象也实属罕见。可见早在春秋时期，偏居西陲的秦人就已经萌生出了问鼎中原的念头。

秦公一号大墓模型

杜虎符

符是中国古代常用的一种信物，一般分为两半，两半相合就能作为履行某种约定的凭证。汉语中的"符合"一词即由此衍生而来。

符的起源很早，司马迁在《史记·魏公子列传》中就载有"信陵君窃符救赵"的故事。这说明至少在战国时期，符的应用已经十分普遍了。

杜虎符，1975年出土于陕西省西安市南郊的北沈家桥村。现存于陕西历史博物馆的只有左半符，它的形象是一只蜷着尾巴、昂首行走的老虎。杜虎符上有错金小篆铭文9行，共40字，"兵甲之符，右在君，左在杜，凡兴士披甲，用兵五十人以上，必会君符，乃敢行之，燔燧之事，虽毋会符，行殹。"内容大意为："右半符掌握在秦国君手中，左半符在杜地军事长官手中。凡要调动50人以上的带甲兵士，杜地的左符必须与君王的右符相合，才能行动。但遇到烽火报警等紧急情况，则不必等待君王所持有的右符。"

可见，杜虎符是当时秦国调兵遣将的凭证，分则天下太平，合则风起云涌。

杜虎符的存在，说明在战国时期秦国的军权是高度集中的，军队管理也是极其严谨规范的。虎符制度广泛推行，提高了秦国军事管理的科学性。

虎符的应用，实际上还是一种古老而朴素的认证和加密方法，它源远流长而又历久弥新。

在隋唐时期，因为唐高祖李渊的祖父名讳李虎，为了避

杜虎符

讳，虎符就被改成鱼的形状，作为官僚们的身份凭证。鱼符也分左、右两半，各有阴阳文"同"字形榫卯设计。左、右两半合二为一，"同"字严丝合缝，才能完成"合同"认证。有些鱼符还会直接在中缝处加刻"合同"二字，类似于现代常见的文件骑缝章。

武则天统治时期，鱼符又被改成了龟的形状，通常三品官员佩戴金龟符、四品官员佩戴银龟符、五品官员佩戴铜龟符。唐代诗人李商隐曾用"无端嫁得金龟婿，辜负香衾事早朝"的诗句，描述了一位贵族女子埋怨自己身居高位的丈夫因早朝而辜负春宵的情景。后来又由此引申出"金龟婿"的美称，用以指代身份高贵的女婿。

现代生活中常见的指纹解锁、人脸支付等都属于认证的范畴。两千多年以来，"符合"与"合同"的精神其实一直都陪伴在我们身边。

高奴铜石权

权是古代的衡器，用途相当于天平上的砝码。石是古代的重量单位。按照秦制，一石是120斤，一斤相当于今天的256.25克。所以，秦代的一石也就相当于今天的61.5斤。

高奴铜石权是一枚保存完好的先秦衡器。从器身上的铭文可知：它曾在秦昭王三年（前304）被作为标准衡器发送到高奴（今陕西延安）。秦始皇统一六国后又将它调回校正，并加刻始皇二十六年（前221）统一度量衡的诏书和"高奴石"三字，然后又重新发回高奴。秦二世元年（前209）它再次被调回，加刻了二世元年诏文。

这枚铜石权两次被发往高奴，又两度被调回咸阳校正。铜石权上的诏文内容说明秦国从战国时期开始，就一直保持着统一的度量衡标准，这为秦统一六国之后进而全面统一度量衡体系提供了理论依据。

从战国到秦汉，也是中国汉字发展的重要时期。这枚铜石权上的诏书分别由大篆、小篆和隶书三种不同书体刻制而成，重现了我国文字在这一时期的演变过程。

作为称重用的器具，"权"和"衡"通常配套使用，"衡"的功能相当于秤杆。"权衡"一词，取衡量、比较、考虑之意，即由此引申而来。

秦人发迹于国土西部，较晚接触中原文明，直到东周时期才跻身于诸侯之

高奴铜石权

列。从公元前770年襄公立国，到公元前221年秦朝建立，他们筚路蓝缕五百余年，最终横扫六合。从秦国到秦朝，秦人一路走来，始终保持着积极进取的精神面貌。秦景公墓葬在规格上的僭越，也不失为这种精神的体现。无论是调兵用的虎符，还是历经数次调校的铜石权，都向我们展现出秦尚法度且一以贯之的执行力。这样的精神和执行力，或许正是秦人能够异军突起并最终一统天下的一个重要原因。

高奴铜石权铭文

肆 汉水悠长

秦失其鹿,天下共逐之。继陈胜、吴广大泽乡起义之后,各地反秦势力此起彼伏。刘邦、项羽尊"怀王之约",分别率军于河南、河北向秦都咸阳进发。刘邦一路披荆斩棘,先入关中。秦王子婴俯首系颈,秦朝灭亡。但迫于项羽的军事威胁,刘邦并未在咸阳久留,匆匆与关中父老"约法三章"后,便又还军霸上,静待项羽入关。

"鸿门宴"之后,项羽自称西楚霸王,将刘邦封为汉中王。刘邦在陕西南部的汉水之滨修养生息,势力逐渐壮大,又经四年"楚汉之争",最终建立了汉朝。新生的王朝定都长安(今陕西西安),取"长治久安"之意。

经过数代人的治理,到了汉文帝和汉景帝时期,百姓生活富足,西汉王朝呈现出一片空前的繁盛景象。

汉水支流

彩绘陶囷

"囷"是一种储粮用的装备,最早出现于春秋中晚期。通常方形的储粮装备被称作仓或廪,圆形的叫囤或囷。

农业是封建社会的经济基础。在"文景之治"时期,由于国家推崇黄老之学,与民生息,农民生产积极性空前高涨,农业产量大幅提升。而较轻的赋税,也留给了劳动人民更多的剩余农产品。这一时期由于储粮需求增大,用于储粮的囷也随之成为常见的生活元素。已出土的西汉陪葬陶囷数量众多,一些囷上还常见"粟""稻""豆""米""麻"等字样。可见这一时期社会安定,人民生活富足,农产品的种类也愈加丰富了。

陪葬制度,古来有之。先秦时期的陪葬品以成套配置的青铜礼器居多,通常体现的是森严的等级制度。西汉时期的陪葬品则以陶制品为主。绘制精美的陶囷被主人带到墓室,这是墓主人生前物质财富的象征,也是人们对今生富足生活的留恋,更是对来世美好生活的祈望。

陶仓

"米"字陶囷

"麻"字陶囷

四神瓦当

瓦当是中国传统建筑特有的一个构件，一般安装在屋檐的终端，用来保护房屋上的木材免遭风雨侵蚀。汉代瓦当形式丰富，除了实用价值之外，往往还能起到装饰的作用。

长安是西汉的都城所在地，曾经宫阙林立，池苑连绵，这里也因此遗留下大量的汉代瓦当。四神瓦当共四块，分别是青龙、白虎、朱雀和玄武，依次代表东、西、南、北四个方向。

青龙是我国古代神话中的东方之神，后来成为道教所信奉的神祇之一。瓦当上的青龙首尾相连，屈身利爪，腾空飞舞，神圣庄严。

白虎是西方之神。白虎瓦当正中塑有一个圆心，虎身围绕圆心盘踞，长尾蜷曲而上，虎的力量跃然瓦上。

朱雀是南方之神。瓦当上的朱雀凤头鹰喙，弯颈鱼尾，显得灵气十足。

玄武是北方之神。它的形象是龟与蛇的合体，身有鳞甲，尾部细长。在传统文化中北方属水，玄武具有灭火的能力。因而玄武瓦当经常出现在仓廪、武库等建筑上。

除了四神形象之外，汉瓦上还常有丰富的字样，明确了瓦当所在楼台馆舍的主人信息，表达了人们对太平盛世的讴歌和对安逸生活的赞美。

青龙瓦当

白虎瓦当

朱雀瓦当

玄武瓦当

五铢钱铜范

秦朝统一之后,货币也得以统一,圆形方孔的秦半两在全国范围内普遍流通。但到了西汉初期,私人铸币之风陡然盛行,导致币制混乱不堪。汉武帝统治时期,他决定将铸币权收归中央,废秦半两,统一铸造五铢钱。汉五铢因轻重大小适中,后来成为中国历史上使用时间最长的铸币。

铸币权收归中央,有力地限制了地方势力的发展,增加了国库收入,巩固了中央集权统治,是汉武帝为实现"大一统"而采取的有效措施之一。

五铢钱铜范是汉武帝时期铸币所使用的模具原型。铸币时须先将熔化的铜汁注入封闭的模具内部,待铜汁冷却成形后再打开模具,将

汉五铢

五铢钱铜范

相互粘连的钱币逐一剥离。成形的钱币外郭还须经过打磨,使之圆润光滑,方可流入市场。在浇铸过程中,为了保证铜汁在模具内部良好的流通性,所有钱币必须逐一相连。五铢钱的外郭被设计成圆形,在铸币时既保证了铜汁在模具内部的流通,也最大限度地减少了相邻两枚钱币的接触面积,方便成形后相互剥离。方形的内孔设计则是为了横穿方木,通过旋转来打磨钱币的外郭。可见,外圆内方的汉五铢外形不只是"天圆地方"的理念体现,也是出于铸币工艺的考虑。

用于铸造的模范,严丝合缝、滴水不漏,是标准化的规范模具,后来引申为值得人们学习或取法的榜样,被认为是现代汉语"模范"的词源。

雁鱼铜灯

雁鱼铜灯的造型是一只回首衔鱼的鸿雁，由雁头、雁体、灯盘和灯罩四部分组成。灯盘和灯罩能够转动开合，不仅有挡风的功能，还可以调节光线的明暗度和光照角度。最神奇的是，灯油点亮后产生的油烟会顺着大雁中空的颈部导入腹腔之中。雁的腹腔盛有清水，烟会溶于水中，从而起到了净化空气的作用，避免了燃灯对环境的污染。

这种科学巧妙的设计，不仅体现出古人的聪明才智，也说明我国早在两千多年前，就已经开始有意识地保护环境了。

雁鱼铜灯

金怪兽

金怪兽的外形特点为"羊身、鹰嘴、鹿角、蝎尾",是一个多种动物的集合体,故而得名。它的两只抵角造型十分夸张,由 16 只身相连、背相对的小鸟组成。蝎形的尾巴也是一只小鸟的形象。一个小小的怪兽身上竟隐藏了 17 只小鸟,彰显出汉代工匠们的睿智巧思和精湛技艺。

金怪兽的四蹄立于一个花瓣形的托座之上,学者们根据托座上的小孔推测,这可能是匈奴族首领帽子上的冠饰。所以,这一枚金怪兽也被视为汉时中原文化和北方游牧民族文化频繁交流的例证。

汉武帝时期,卫青、霍去病数次出击匈奴,基本上解除了匈奴对中原的军事威胁。后来匈奴又分化为南匈奴和北匈奴。南匈奴一开始居住在河套一带,后来慢慢被汉化;北匈奴被驱逐至中亚和欧洲,也逐渐被其他民族所融合。

汉水逝者如斯,不舍昼夜。它来自历史的深处,又流向天地的远方。两千多年前,刘邦发迹于汉水之滨,创建了以"汉"为国号的王朝。经过"文景之治"和汉武帝的"大一统",汉民族和汉文化的主体框架逐步形成,"长治久安"的愿望也得以延续。如今,"汉人"已成为世界上人口最多的族群。汉文化的影响力自丝绸之路开通以来,远播海外,经久不衰。时至今日,全世界数以亿万计的华夏子孙依然为"汉"这样一个共同的称谓而感到自豪。

金怪兽

伍 桐叶封唐

唐，作为一个地名，历史非常悠久，甚至可以上溯到帝尧时代。

西周初年的一天，年幼的周成王姬诵和弟弟叔虞在宫中嬉戏。他随手捡起一片桐叶，撕成玉圭的形状，递给叔虞，说："我把这个地方封给你了。"说者无心，听者却有意，史官们随即把天子的言行记录了下来。当时辅政的周公听闻后便询问天子："真的要分封叔虞吗？"姬诵笑笑说："怎么会呢，我们只是在做游戏而已。"周公一本正经地说："可是，天子无戏言啊！我刚平复了唐国的叛乱，我看就把唐地封给他吧。"

"桐叶封唐"之后，叔虞成为新的唐国国君，后世称之为唐叔虞。因为唐国境内有晋水流过，叔虞的儿子后来又把国名改成了晋。现在山西省的简称即来源于此。春秋时期，晋国雄霸中原，晋文公位列春秋五霸之一。后来即便三家分晋，韩、赵、魏三国也都悉数跻身于战国七雄之列。虽然之后秦始皇实现了天下一统，但是"唐"作为古老的地名却一直被沿用。

南北朝时期，西魏八柱国之一的李虎曾被封为唐国公，这一爵位后来被他的孙子李渊所承袭。隋朝末年，唐国公李渊于晋阳（今山西太原）起兵，后攻破长安。公元618年，李渊在长安登基，开创了声威赫赫的大唐王朝。

唐朝立国后，经过百年的治理，到了开元年间，其繁华富庶程度达到了中国古代封建社会的巅峰，呈现出一派盛世气象。

唐长安城平面图

唐朝的都城长安是世界上第一个人口超过一百万的城市，也是当时世界上当之无愧的经济和文化中心。它布局规整，建筑宏伟，在世界范围内影响极大。当时东起日本、朝鲜，西至中亚诸国，纷纷效仿长安城建造自己的国都。中国历史上北宋的汴京、金朝的中都、元朝的大都、明朝的北京，也都是对唐长安城不同程度的模仿。

日本学者平冈武夫曾说："长安城的设计，不是由于实用的必要，而是本着一种理想，即抱着世界王者之城的理想而规划的。"

在梦幻般的大唐盛世，长安城也的确是世界王者之城。

从平面图上不难看出，唐长安城总体由宫城、皇城和外郭城三部分组成。宫城坐北朝南，位于城市正北且居中的位置；皇城是中央政府所在地，位于宫城以南；民居、宗教寺观和商业区合称为外郭城，从东、西、南三面围绕着皇城和宫城。

这三部分中，外郭城占地面积最大。城内11条南北向的街道和14条东西向的街道把全城划分为110个街区，这些街区被称作"坊"或"里"。其中因为芙蓉园占据了两坊之地，实际上全城共有108坊。长安城里的"街坊邻居"们，就在这样的街区里安居乐业。唐代大诗人白居易在《登观音台望城》中描画长安城"百千家似围棋局，十二街如种菜畦"，彰显了唐长安城的规整和宏伟。

约155米宽的朱雀大街将外郭城分为严格对称的东西两部分。大街东西两边均建有一个大规模的商业中心，各占一坊之地，它们分别是都会市和利人市，民间俗称东市、西市。东市主要服务于达官贵人等上层社会，而西市则是一座囊括天下货物的国际化大市场。因为东西两市货物齐全，人们时常购买于东西两市，于是逐渐衍生出"买东西"的说法，用以指代人们的购物行为。

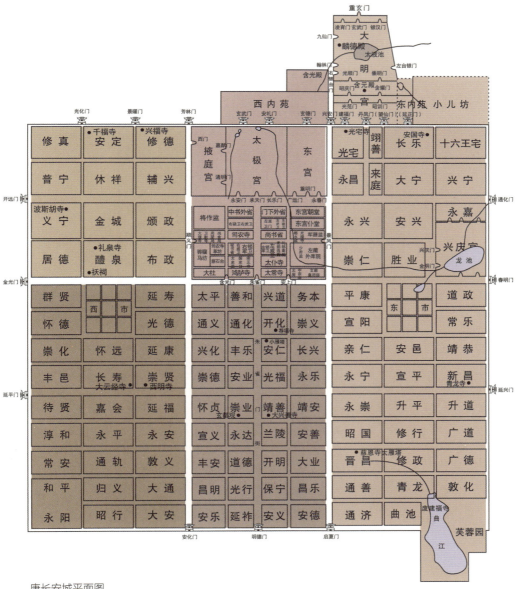

唐长安城平面图

三彩骆驼载乐俑

繁华富庶、开放包容的唐长安城,也迎来了世界各地的人们。他们带来的异域音乐和舞蹈,令唐人喜不自禁。

这一峰唐三彩骆驼站在一个长方形的底座上,驼背上的驮架是一个平台。平台上铺着色彩斑斓的毛毯,并载有八名乐手:居中的是一位站立歌唱的女性歌者,其余七位均为男性,他们身着汉服,手持不同乐器,面朝外盘腿而坐。这尊三彩骆驼载乐俑俨然一个以驼代步、歌唱而来的巡回乐团。乐团中有主唱,还有伴奏,他们分工明确,又默契十足。

在大唐盛世,能歌善舞的各国艺人在长安城这个大舞台上,尽情演绎着对太平盛世的赞美和对美好生活的向往。而他们的到来,也极大地丰富了中原人民的日常生活,很快在大唐盛世刮起了一股胡风。

三彩骆驼载乐俑

何家村遗宝

1970年，在西安碑林区何家村出土了一个银质罐子和两个陶瓮，里面装有唐代遗宝将近1000件。其中的金银器皿多为唐代皇室的日常用品，它们做工精细、美轮美奂、艺术价值极高。

今天的何家村，在历史上位于唐长安城的兴化坊内。它靠近皇城，是当时王族贵戚们居住的黄金地段。唐高宗和武则天的儿子李贤（章怀太子）就曾居住在这里。因为李贤的儿子邠王李守礼曾担任过司空一职，主管皇宫手工业作坊和金银器铸造。所以有专家认为，何家村遗宝的主人很可能是李守礼。

还有一种说法认为，这批遗宝的主人是唐德宗时的租庸使刘震。唐朝实行租庸调制，刘震所担任的租庸使正是负责税收的官员，他的工作与包括这些金银器在内的税收物品有密切关系。

唐德宗建中四年（783），泾原兵变爆发，叛军攻占了长安。刘震将刚征收还未及入库的贵重物品匆忙埋藏在兴化坊内，以免遭叛军洗劫。然而，长安光复之后，刘震家中发生了变故，夫妻双亡。这批财宝也从此被彻底遗忘，直到1970年才重见天日。

何家村遗宝的来历已经难以考证，但这丝毫不影响它们无与伦比的艺术和文化价值。现存于陕西历史博物馆的镶金兽首玛瑙杯、葡萄花鸟纹银香囊、鸳鸯莲瓣纹金碗等都出土于何家村。

两瓮一罐

1970年10月,在西安城南的何家村先后发现了两个陶瓮和一个银罐,这两瓮一罐共装有近千件精美的器皿。这些器皿既有大唐风范,又具异域风格,为人们打开了一个探索唐代社会的新窗口。

镶金兽首玛瑙杯

镶金兽首玛瑙杯的外形是牛形兽首：牛的双眼圆睁，炯炯有神；兽首上的一对羚羊角呈螺旋状弯曲，与杯身相接；镶金的兽嘴，是这件器皿的塞子，金镶玛瑙，画龙点睛。

这件酒杯的材质也十分珍贵，是极其稀有的缠丝玛瑙，材质纹理细腻、层次分明。唐代工匠巧妙地利用材料的自然纹理与形状进行雕刻，依色取巧，随形变化，打造出了这件唐代玉器中的经典之作。

镶金兽首玛瑙杯的造型和西方一种叫"来通"的酒具非常相似。"来通"是希腊语的音译，有流出的意思。来通杯大多都是兽角形，一般在酒杯的底部还有小孔，液体可以从孔中流出，功能类似漏斗，用于倾注神酒。当时人们相信，用来通杯饮酒可以防止中毒，而举起来通杯将酒一饮而尽，则是向神明致敬的一种方式。因此，这种杯子也常用于礼仪和祭祀活动。

在唐代，来通杯在胡人的宴饮场合十分常见。唐朝贵族普遍以追求新奇为时尚，这件器物的出土，便是唐朝贵族崇尚胡风、模仿新奇的宴饮方式的见证。

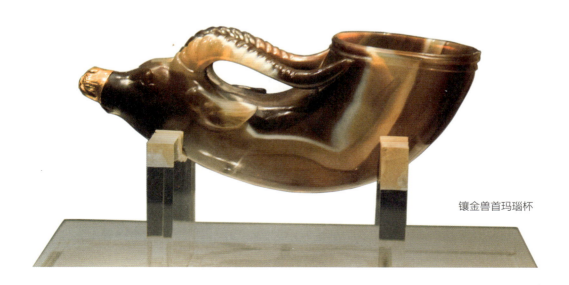

镶金兽首玛瑙杯

鎏金舞马衔杯纹银壶

唐代初期政权统一，许多少数民族纷纷移居中原，其中也包括来自北方的契丹人。鎏金舞马衔杯纹银壶的外形正是模仿了契丹人日常使用的皮囊壶。

壶盖帽的形状是捶揲成型的覆式莲瓣；顶部中心铆有一个银环；环内套接了一条长14厘米的银链，与提梁相连；壶身上凸起的部分是一匹口衔酒杯、匍匐跪拜的舞马形象。

据史料记载，唐玄宗在位后期，每逢生日都会在兴庆宫内的勤政务本楼举行盛大的宴会，接受文武百官、外国使臣和少数民族首领的朝贺，并以舞马助兴。届时，上百匹舞马披金戴银，伴随着《倾杯乐》的节拍跃然起舞。乐舞到达高潮时，领头的舞马还会跪拜在皇帝面前，并衔起酒杯向他敬酒祝寿。安史之乱爆发后，这批舞马流落到安禄山手下一名叫田成嗣的大将手中。一日，军中宴乐，舞马听见乐曲声也随着节拍翩翩起舞。士兵们不通音律，误把舞马视为妖魔，将它们鞭打致死。从此以后，盛行一时的舞马衔杯祝寿舞在历史的长河中也销声匿迹了。

舞马盛行于开元盛世，冤死于安史之乱，它的命运和大唐王朝的荣辱兴衰何其相似！

鎏金舞马衔杯纹银壶

鎏金双狮纹银碗

唐代社会繁荣开放，文化也呈现出缤纷多元的风格。大唐工匠们在灵活运用中国传统工艺和装饰风格之外，往往还会借鉴诸多从西域传入的外来文化元素。何家村出土的唐代宫廷金银器，无论制作工艺还是装饰纹样，都带有明显的异域文化烙印。

鎏金双狮纹银碗是一件融合了东西方传统艺术的精美艺术品，也是何家村遗宝中带有异域文化烙印的典型。

唐代工匠运用捶揲的手法在碗壁上装饰出一圈如意云头，使整个银碗的外形显得格外饱满厚重，且极富立体感。以捶揲技术制作出凹凸造型的手法在古代中亚、西亚乃至地中海沿岸十分流行，是西方器皿特有的风格，也是西方一种古老的文化传统。

碗底部的主纹饰外围环绕着一圈绳索纹的圆框作为装饰。这显然也不是中国传统的装饰手法，反而在萨珊银器中比较常见，被称为"徽章式纹样"。

只有银碗中对称布局的双狮、双狮口中的折枝花，以及碗体上的如意云头纹，才显示出些许中国传统的设计风格。

鎏金双狮纹银碗

葡萄花鸟纹银香囊

葡萄花鸟纹银香囊是何家村出土的一件极其精美的唐代装饰品。它的外壁为银质,呈圆球形,通体镂空;球形香囊以中部水平线为界平均分割,形成上下两个半球形;球体内部设置有半圆形的金香盂,用来盛放香料。香囊的设计别具匠心,它运用了类似陀螺仪的原理,无论外壁球体怎样转动,球体内的香盂始终能保持重心向下,香料不会撒落。

据《旧唐书》记载:安史之乱时,唐玄宗逃离长安,途经马嵬坡时发生了兵士哗变。玄宗皇帝被迫赐死杨贵妃,并就地埋葬。安史之乱平复后,唐玄宗从蜀地重返长安,念及旧情,打算重新厚葬杨贵妃。当挖开旧冢时,发现当初埋葬时用于裹尸的紫色褥子以及尸体都已经腐烂,唯有随身携带的香囊仍保存完好。

杨贵妃所佩戴的香囊很可能就是类似葡萄花鸟纹银香囊这样的样式。

葡萄花鸟纹银香囊

鸳鸯莲瓣纹金碗

何家村出土的鸳鸯莲瓣纹金碗共有两件，造型和纹饰完全相同。碗壁有上下两层向外凸鼓的莲花瓣纹，每层十片。每一个莲瓣单元里都錾刻有装饰图案：上层是动物主题，有鸳鸯、野鸭、鹦鹉、狐狸等；下层则是单一的忍冬花装饰图案。莲瓣上空白处还装饰着飞禽和云纹。两个碗的内壁分别书写着"九两半""九两三"的字样，这应该是碗的重量标记。

在唐代，随着丝绸之路上物质交流的日渐频繁，大量工艺精良的西方金银器传入中土。唐代工匠们借鉴西方金银器的造型和工艺，再融合传统艺术风格进行创新，打造出了诸如鸳鸯莲瓣纹金碗这样的艺术精品。

鸳鸯莲瓣纹金碗

鎏金鹦鹉纹提梁银罐

鎏金鹦鹉纹提梁银罐的罐身上以鹦鹉纹作为主要纹饰，鹦鹉四周被折枝花团围绕，形成一种生机盎然的景象。银罐的盖子内有墨书"紫英五十两，白英十二两"的字样。众所周知，紫石英、白石英都是矿石类药物，是炼丹的重要原料。古人认为用金银器盛放炼丹的药物，可以提高药效。由此推断，这个罐子很可能是用来储存药物的器皿。

鹦鹉在唐代一度被称为"神鸟"，是邻国向大唐王朝敬献的珍奇贡品之一。提梁银罐上的鹦鹉栩栩如生，向世人诉说着"九天阊阖开宫殿，万国衣冠拜冕旒"的盛世荣光。

唐代大诗人杜甫在《忆昔》中这样描述盛唐气象："忆昔开元全盛日，小邑犹藏万家室。稻米流脂粟米白，公私仓廪俱丰实。"唐代社会在开元盛世达到了梦幻般的繁荣。然而物极必反，一片歌舞升平之下，新的危机已然暗流涌动。"渔阳鼙鼓动地来，惊破霓裳羽衣舞"，安史之乱之后，大唐盛世不复当年。时至今日，人们也只能通过探访这些文物的前世今生，去感受梦幻般的盛唐气象了。

鎏金鹦鹉纹提梁银罐

周礼

周原重器　封建制礼

周人最早发迹于三秦大地，在伐纣灭商之前，曾长期在周原（今陕西扶风和岐山附近）定居，后来又在丰镐（今陕西西安附近）建立了他们的政治中心。

武王伐纣之后，历史进入西周王朝的统治时期。周天子"封建亲戚，以藩屏周"，创立了封建制。天下已定，"武功"之外还需"文治"。彼时辅政的周公随即制定出了严格的礼乐制度，明确了社会等级，进一步加强了社会管理。

作为中国历史上持续时间最长的朝代，周朝的分封制和礼乐制对后世各王朝的统治都产生了极为深远的影响。

宝鸡青铜器博物院以周原地区出土的周代青铜器为陈列主体，是我国最大的青铜器主题博物馆，馆藏文物多达12,000余件（组）。这里展出的周代青铜器不仅数量多、种类全，而且做工精美、文化价值极高。青铜器上的铭文千年不朽，镌刻着"中国"的源头，也传承着华夏民族悠久的历史。

陆 何谓中国

公元前1046年1月19日,商朝西伯侯姬昌之子姬发在牧野会盟各路诸侯,随时准备向首都朝歌进发。这一夜,士兵们仰望星空、枕戈待旦。

1月20日清晨,姬发站在事先修筑好的高台上,面对严阵以待的联军,做最后的战前动员。他左手高举黄铜大钺,右手挥动旌旗,庄严誓师道:"如今商王听信妇人之言,废弃了对祖宗的祭祀。他不重用王族中有德之人,反而让身份低贱的罪人在朝中担任要职。他还任由这些人残害百姓,扰乱国家。今天,我姬发要奉天命惩讨殷商!战士们,奋勇向前吧!"

誓师完毕,士气大振的诸侯联军一起冲向朝歌。商王帝辛仓促武装奴隶、战俘,让他们和守卫国都的军队一起迎战诸侯联军。然而,这支临时组建起来的军队注定不堪一击。他们临阵倒戈,商军瞬时溃败。帝辛见大势已去,遂登上鹿台,"蒙衣其珠玉,自燔于火而死。"

历经五百余年的商朝灭亡,周取而代之。

"牧野洋洋,檀车煌煌,驷騵彭彭。维师尚父,时维鹰扬。凉彼武王,肆伐大商,会朝清明。"这是《诗经·大雅·大明》中关于牧野之战的描述。

除了《诗经》之外，司马迁在《史记》中对牧野之战也有相关记录。然而，由于年代过于久远，又无实物佐证，人们对于牧野之战的真实性一直都持有怀疑态度，对于战争发生的具体时间更是众说纷纭，莫衷一是。

而青铜器利簋的出土，彻底拨开了这一层历史迷雾。

利簋

1976年3月，西安市临潼县的农民在搞水利建设时，意外地发现了一个地窖。经专家现场勘查，断定这是一处周代遗址。利簋就是在这里被发现的。

"簋"是古代的一种食器，通常用来盛装煮熟的谷物类主食。"利"，人名，是周武王时期负责记言的右史官，也是这件器皿的铸造者。

利簋通高28厘米，口径22厘米，重7.95千克。它的造型与商周时期其他的青铜簋并没有明显的区别，纹饰也是商周青铜器的传统风格。形制上圆下方，体现了商周时期人们对"天圆地方"观念的尊崇。

利簋的底部有4行铭文，共33字。铭文大意是：武王发动的牧野之战，发生在甲子日，当天木星当空。武王打了胜仗，击败了商朝军队。后来武王论功行赏，赐予"利"铜料。"利"用这些铜料铸造了一尊青铜簋，纪念他的先祖檀公。

这篇铭文出自史官之手，说明牧野之战确实发生过。而对于战争时间的断定，这篇简短的铭文也给出了线索。

在利簋出世之前，学者们普遍认为牧野之战大约发生在公元前1050年至公元前1020年之间。这是运用碳-14测年法，对西周初期遗存中出土的碳样进行检测而得出的结论。

利簋铭文中有这样的记载："武王征商，惟甲子朝，岁鼎。"意思是说，

利簋

武王伐纣的战争发生在某年"甲子"日的早晨，当天岁星（木星）正当中天。

根据这一天象记载，天文学家参照《国语》等古书中相关的天象记录，最终推算出了牧野之战的具体时间，正是公元前1046年1月20日。

我国有明确纪年的历史始于西周共和元年，即公元前841年。利簋铭文的出世，将我国有文字可考的信史足足向前推进了两百多年，也证明了武王伐纣的真实性，为西周王朝的建立提供了文物佐证。利簋也因此被称为"刻下商周界限的界碑"。

"武王伐纣"在历史上被认为是一场"小邦周"战胜"大邑商"的决斗。伐商灭纣之后，周人管控的国土面积空前庞大。周王室为了加强统治，就把国土按照血缘关系的远近以及对国家功劳的大小分封给王室成员以及有功之臣。这一制度，在历史上被称为"分封制"。得到分封的诸侯在建国后享有高度的自治权，只需履行向王室缴纳贡赋等基本义务。

然而，由于黄河天堑的存在，诸侯们前往丰镐纳贡的工作，并不那么容易。而且，前朝遗民和新封的诸侯还时常表现出"不服周"的迹象。为了彻底解决这些问题，西周

统治者开始考虑在国土相对居中的位置再营造一座新的都城。

实际上,周武王深谋远虑,他在克商后班师回朝的路上就已经开始考察地形了。后来又经过召公选址,周公督造,到了周成王五年(前1038),洛邑作为新都才终于落成。

何尊

这一年四月的丙戌日,周成王对父亲武王一番祭祀之后,正襟危坐在洛邑的京宫大室中。父亲周武王克商建周,为国殚精竭虑,却英年早逝、享国日浅。每想起这些,年轻的成王都不禁暗自神伤。江山社稷传到自己手上,因为分封得当,又得叔父周公辅佐,虽然刚经历了"三监之乱",但天下总体还算太平。

成王陷入沉思,已然忽略了已在室中侍立多时的宗族小子"何"。"何"是宗族中的晚辈,治理和建设国家的重任总有一天会落到他的肩上。成王对这位晚辈颇为器重,于是对他讲述了先辈们创业的艰辛,也充分肯定了"何"的父辈们对国家所作出的杰出贡献。末了,成王还给予了"何"丰厚的赏赐。

"何"为了纪念这次天子的训诰以及获得赏

何尊铭文拓片

博物馆里的周秦汉唐

何尊

赐的荣耀，就铸造了一件青铜尊，并且铭文作为纪念。

倏忽三千载，这些往事都被深埋在了三秦大地的黄土之下。

1963年，常年在外打工的宝鸡农民陈堆、张桂芳夫妇因饥荒回到了老家。自家老宅年久失修，不能居住，他们就暂时租住在邻居陈乖善的家里。连绵秋雨后的一个夜晚，月明星稀。陈堆在上厕所时，看见后院经雨水冲刷的土崖上有一个怪异的物件在闪闪发光，甚是可怕。次日，为了消除心中芥蒂，夫妻二人联手挖掘。不料，一个"铜宝贝"应声落地。

陕西宝鸡被称为"中国的青铜器之乡"，时有青铜宝贝现世，因而当地农民早已不以为奇。

后来这对夫妇为了生计，决定再次外出打工，"铜宝贝"也被交给了陈堆的哥哥陈湖代为保管。而陈湖因生活窘迫，不久便将"铜宝贝"卖到了废品回收站，换得30元钱补贴家用。

"铜宝贝"命途多舛，几经周折，所幸始终未被熔毁。

1965年，原宝鸡市博物馆工作人员佟太放路过一家废品回收站时，偶然发现了这件宝贝，并被它的造型深深吸引。佟太放敏锐地察觉到这件宝贝的与众不同。于是他又以30元的价格将其购回，带到了宝鸡市博物馆（今宝鸡青铜器博物院）。

这件青铜宝贝高39厘米、口径28.6厘米、重14.6公斤，工艺精美、造型雄奇。它外形口圆体方，通体有四道镂空的大扉棱，颈部有蚕纹图案，口沿下有蕉叶纹，圈足处还装饰着饕餮纹。根据它的形制和纹饰，专家们给它起了一个相对专业的名字——饕餮纹青铜尊。

1975年，国家文物局准备组织一批精品文物出国参加展出，饕餮纹青铜尊也赫然在列。为了保证展出效果，在出国前需要对青铜文物进行除锈处理。青铜器专家马承源在进行除锈作业时，惊奇地发现了镌刻于饕餮纹青铜尊内底的铭文。

这篇铭文共有122个字，残损了3字，可以明确辨识的尚有119字。铭文大意是：周成王迁居于成周，告祭武王。五年四月丙戌日，成王在京师训诰小子"何"说，你的父亲曾经效忠于文王，协助文王从上天那里得到了治理天下的使命。后来武王奉天命克商，并在洛邑建都。我今天"宅兹中国"，统治民众。希望你能够效仿你的父亲，继续效忠王室。

从铭文的内容可知，这件青铜尊的作器者名叫"何"，因此，它又被正式更名为何尊。

何尊铭文中出现了"宅兹中国"的字样，意思是"居住在这国土的中心"。这里的"中国"是"中"与"国"两个字作为词组出现的最早实物例证。它最初的含义是中央之城，即周天子所管辖的"天下"的中心——新都洛邑，还并不等同于今天"中国"的概念。

3000多年前，"何"能得到天子的训诰，已是无上荣耀。他不敢祈望他所铸的铭文能永垂不朽，他更不会想到，铭文上的文字最终还命名了埋藏和守护它的960万平方公里土地。这一方土地，时至今日，依然被称作中国。

实际上，周成王继位的时候，天下尚未太平。统治者开始意识到，"武功"之外，还需"文治"。彼时辅政的周公"制礼作乐"，通过礼乐的形式，把社会中各等级人群的权利和义务制度化，最终将周天子如众星捧月般拥立在权力和道德的至高点。

周公，姓姬，名旦，是周文王姬昌第四子，周武王姬发之弟。《尚书》所述"一年救乱，二年克殷，三年践奄，四年建侯卫，五年营成周，六年制礼乐，七年致政成王"是对周公一生功绩的高度概括。

周公所创的礼乐制度为周朝八百年的统治奠定了坚实的基础，也对后世产生了极为深远的影响。孔子就对周公极为推崇，不但把他的事迹及人格作为儒

周公像

家的典范,还把他提出的"仁政"作为自己最高的政治理想。从某种意义上讲,孔子的儒家学说实际上正是对周公所作礼乐制度的传承和发扬,故学术界亦有"儒家学说周公作、孔子述"的观点。到了西汉,汉武帝"废黜百家,独尊儒术",使儒家思想一跃成为中国封建社会的正统思想,又继续影响了中国社会两千年之久。

西周的分封制和礼乐制度,构成了西周国祚赓续的制度保障。而国家的治理和兴旺,也从来都离不开一代又一代股肱之臣的忠心辅佐。

逨鼎

2003年1月19日在陕西省宝鸡市眉县常兴镇杨家村出土了两组青铜鼎。它们分别铸造于周宣王四十二年(前786)和周宣王四十三年(前785),又因铸器者名叫"单逨",故而得名四十二年逨鼎和四十三年逨鼎。

四十二年逨鼎共有两尊,有铭文281字。铭文显示:"逨"曾在军中效力,在对猃狁的战事中,他帮助"长父"取得胜利,并俘获了大量敌兵,周宣王因此赏赐给"逨"美酒与土地。"逨"稽首谢恩,并且铸造了这两尊青铜鼎作为纪念。

四十三年逨鼎共有10尊,他们纹饰华丽、造型精美,至今依然保存完好、色泽光亮。10件鼎内壁均铸有相同的铭文,单篇316字。

这篇铭文不仅记录了周宣王时隔一年之后再次对"逨"进行册命和授职的过程,还详细记载了一场西周时期君臣之间的任前谈话。

周宣王四十三年六月中旬的丁亥日,天刚亮,王就来到周庙。"单逨"在"司马寿"的引导下从中门进入,立于中廷,面北接受册命。

史官"淢"将册命书交给周宣王,宣王命令"尹氏"宣读册命:"我的显赫高贵的文王、武王从上天那里接受大命,抚佑四方的诸侯和方国。你的先人曾辅佐先王,尽心操劳。因此,我不会疏远或忘记他们的子孙后代。之前,我册命你辅佐'荣兑'管理天下的山林川泽,还负责为宫廷提供御用物产。现在,我考虑到你先祖们对朝廷的贡献,欲重申册命,提拔你为官司历人,负责监督朝廷官员。你施政办事要时刻谨慎,不能贪图安逸,放纵自己;无法可依就不要处罚,审讯庶民要明辨是非;不公道,就不要施政办事;不能贪得无厌、中饱私囊。否则,你就是在放纵自己,就是在欺侮那些无依无靠的人。如果你没有按照我的告诫去施政,那也有我的过错,是我没能尽到职责。单逨,我今天对你所讲的话,你要时刻铭记在心,切勿辜

四十二年逨鼎

四十三年逨鼎铭文拓片

负我对你的信任。"

册命书宣读完毕后，周宣王还对"单逨"进行了一番丰厚的赏赐。

四十三年逨鼎上的铭文，还原了2800多年前的一场庄严隆重的册命过程。通过繁复的册命仪式，周宣王明确了"单逨"的职责、权力和义务。从铭文可见，周天子对他所任命的官员有着十分严明的纪律约束，"廉政建设"早在西周时期就是政治文化的重要内容和评判官员的基本标准。

西周首创了分封制，建立藩屏，拱卫周畿。在这一制度下，统治者可以更有效地控制和管理空前庞大的国家，也将中原和黄河流域以外的广阔疆域纳入了华夏文明圈，从而奠定了华夏民族辽阔版图的雏形。而礼乐制度作为一种加强统治、维护社会安定的方式，在漫长的封建社会中巩固了君王的威严，强化了君臣尊卑有别的思想，有效地促进了社会的长期稳定和有序发展。"中国"的出现，到今天已有三千多年的历史，它的字面含义也已经发生了天翻地覆的变化。但西周青铜器所承载的"尚礼""廉政"等精神，已然融入华夏文明的血液之中，成为宝贵的文化基因和历史财富。

柒 藏礼于器

在周朝,由于封建礼制的加强,一些日常所用的青铜器皿也被赋予了特殊的意义,成为礼制的体现,即所谓"藏礼于器"。

沃盥之礼

餐前洗手,是现代人普遍遵循的习惯和礼仪。其实早在三千年前,人们对洗手的重要性就已经有了一定程度的认知,并将它上升到礼的高度,称为"沃盥之礼"。

《周礼·春官·郁人》中提到:"凡祼事沃盥。"可见,凡是宴请、祭祀、婚礼,都要先进行"沃盥之礼"。

《左传》中也记载了一则和"沃盥之礼"有关的故事。秦穆公把女儿怀嬴嫁给了晋国的公子重耳。有一次,怀嬴捧着青铜匜给重耳浇水洗手。浇洗完毕,重耳随意甩手,试图甩干手上的水渍。或许是认为自己已经完成沃盥,甩手示意怀嬴离开。怀嬴看到后非常生气,便质问道:"秦、晋两国地位平等,你为

奉匜沃盥

沃盥者
谓行礼时必澡手
使人奉匜盛水以浇沃之
而下以盘承其弃水也
——《周礼·正义》

何如此轻视我？"

重耳见怀嬴态度强硬，也立即意识到自己的失礼，便主动将自己囚禁起来，听候岳父秦穆公发落。

周礼细致入微，时刻约束着人们要举止有度。任何不符合礼数的行为都有可能引起误解，甚至触发国与国之间的冲突。重耳洗手后没有使用侍者递来的毛巾擦手，即被视为未按礼制完成"沃盥之礼"，的确是失礼的表现。

按照周礼，进行"沃盥之礼"完整的流程应该是：一名侍者用青铜盉（或匜）浇水，供主人洗手，另一名侍者以青铜盘承接洗手后的废水，洗手完毕之后，再由第三名侍者递上毛巾，将手上的水渍擦拭干净。

进行"沃盥之礼"所需的器具一般包括一个浇水用的盉（或匜），以及一个承接废水用的青铜盘。现存于陕西历史博物馆的它盘与它盉就被认为是行"沃盥之礼"时所使用的一组礼器。

它盘与它盉

它盘呈"平唇、浅腹"状，腹部装饰有精美的环状纹，艺术价值颇高。盘

它盘

子的内部铸有一个"它"字，这应该是器皿主人或铸器人的名字。它盘也因此得名。

它盘的四个支撑足是受过刖刑的奴隶造型。所谓刖刑，就是砍去受刑人的脚。这在奴隶社会是一种极刑，受到这种刑罚的奴隶会因此失去行动能力，余生只能从事托盘或看门之类的工作。由此判断，器主人或铸器者"它"应该是一位身份尊贵的奴隶主。

作为盘子支撑足的四名奴隶把双手规矩地放在膝盖上，身上没有衣着，肩上还扛着盘子，表情麻木，逆来顺受。奴隶社会等级制度之森严、奴隶主阶级的残酷无情，在这一件青铜盘上体现地淋漓尽致。

它盉的顶上铸有一只双目炯炯有神、双翅微微张开的卧鸟，造型生动活泼。盖子的内部也铸有一个"它"字，很可能和它盘归属于同一主人，或为同一匠人所铸造。

现已出土的青铜匜、盉、盘数量较多，大多都有使用过的痕迹。这说明"沃盥之礼"是周礼中常见的一项礼仪，华夏民族在三千年前就已经养成了"勤洗手"的好习惯。

还有一些器皿，如逑盘，他们在铸造之初就不是出于日常实用的考虑，而更像是为了记录家族的荣耀。

它盉

逨盘

逨盘和逨鼎同时出土，均为"单逨"所铸，现存宝鸡青铜器博物院。

逨盘呈"方唇、折沿、浅腹、附耳"的外形特点，圈足下附有四个兽足。青铜盘通高20.4厘米，口径53.6厘米，圈足直径41厘米，腹深10.4厘米，兽足高4.2厘米，重18.5公斤。衔环的兽首双目圆睁，表现出不可侵犯的威严之感。

盘子内底铸有铭文21行，约360字。从铭文的内容看，"逨"主要是在炫耀自己的家族史，并纪念周宣王的册封以及赏赐。铭文记录了单氏家族从高祖"单公"到"逨"的荣耀史和相关重大历史事件，其中包括了单氏八代人辅佐西周王朝十二位王（周文王至周宣王）征战、理政、管治林泽的历史。他在详细称颂列祖列宗功绩的同时，也基本历数了西周诸王，并对西周王室变迁及年代世系有明确的说明，勾勒出了西周历史的大体轮廓。

在逨盘出土之前，其他青铜器的铭文中也有过对西周各王功绩的记录，但都不够系统，也不够完整。逨盘铭文的记载与之前发现的青铜器上的铭文记述基本吻合，证实了文王、武王克殷，成王、康王开拓疆土，昭王征楚，穆王四面征战等历史事件。

逨盘的铭文中提到了12位周王，并不包括周公。很多文献记载周武王之后，周公曾摄政称王，七年之后才还政于成王。可见这样的记载并不可信。

此外，从高祖"零伯"开始，"逨"的祖考便没有了实际的功绩可陈，这似乎也暗示着周共王、周懿王之后，单氏家族的家道和西周王朝的国势一样，也开始走向衰落了。

逨盘史考价值极高，因此被誉为"中国第一盘"。

周礼 周原重器 封建制礼

逨盘

周王	单氏家族成员
周文王 姬昌	单公
周武王 姬发（前1046—前1043）	
周成王 姬诵（前1042—前1021）	公叔
周康王 姬钊（前1020—前996）	新室仲
周昭王 姬瑕（前995—前977）	惠仲盠父
周穆王 姬满（前976—前922）	
周共王 姬繄扈（前922—前900）	零伯
周懿王 姬囏（前899—前892）	
周孝王 姬辟方（前891—前886）	懿仲𤔲
周夷王 姬燮（前885—前878）	
周厉王 姬胡（前877—前841）	龚叔
共和执政 周公、召公（前841—前828）	
周宣王 姬静（前827—前782）	逨
周幽王 姬宫湦（前781—前771）	

081

宴飨之礼

华夏民族自古就是"食礼之国",《礼记·礼运》记载:"夫礼之初,始诸饮食。"在周公所制定的礼乐制度中,宴飨之礼也是很重要的一个组成部分,当时的青铜器皿除了实用价值以外,还常常起到"明尊卑、别上下"的作用。

西周时,宴飨所用鼎的大小及数量代表着贵族的身份和等级。但到了东周时期,由于礼崩乐坏,诸侯也纷纷有了僭越之心。

"楚王问鼎"的故事家喻户晓。楚国在西周行分封之初,只是很不起眼的一个南方小国。楚庄王时期,楚国国力空前强盛,成为春秋一霸。有一年楚庄王伐戎征战至洛水,顺便陈兵洛阳城下,向周天子炫耀武力。天子派王孙满前去慰劳楚军,楚王竟询问王孙满周天子鼎的大小轻重。王孙满回答说:"天子所用九鼎因过于巨大,加之年代久远,重量已无法估计。况且,天子之所以为天子,在于他的德行,而并不在于鼎的大小轻重。"

这个故事暴露了楚庄王觊觎周室之心,后来人们将企图夺取政权的行为称为"问鼎",也由此引申出"问鼎中原"等成语。

周德虽衰,但天命未改。鼎的轻重,诸侯不可随便打听,在宴飨活动中,使用鼎的数量,也不容随意僭越。天子九鼎八簋、诸侯七鼎六簋、卿大夫五鼎四簋、高级的士三鼎两簋、低级的士一鼎一簋,这是周礼对列鼎数量的明确规定。

周礼 周原重器 封建制礼

散伯车父簋鼎组合

不仅如此，在周礼之下，各个级别的贵族用鼎盛放的食物也有所不同：

天子九鼎，用来盛装牛、羊、乳猪、鱼、干肉、牲肚、猪肉、鲜鱼、鲜干肉。

诸侯七鼎，可以盛的肉类比周天子少了鱼和干肉两种。

卿大夫五鼎，用来盛装羊、乳猪、鱼、干肉、牲肚。

高级的士用三鼎，分别盛装乳猪、鱼、干肉。

低级的士只能享用一鼎，盛装的只有干肉。

华夏民族的宴飨文化源远流长，除了列鼎制度之外，在西周时期，餐桌礼仪也已初现端倪。

孔子是周礼的忠实拥护者，他曾说："割不正不食""无酱不食"。由此可见，周礼对用餐的流程也有相关的规定。

割，主要依靠的是一种被称作匕的餐具。匕除了切割之外，

微伯兴匕

还能叉取食物，亦能舀汤，是一种集刀、叉、勺三种功能为一体的餐具，被认为是现代汤勺的前身，在周朝时已经出现在了人们的餐桌上。

在那个时候，香料尚未被应用于烹饪。煮好的肉通常还需佐以酱料，方显美味。因此，人们发明了一种专门用于盛放酱料的高脚盘——豆。豆一般由豆盘、豆柄和圈足三部分组成。在宴会上，不同形制的豆用来盛放不同种类的酱料，由食客自主选择。

饮食器皿的多样化为烹饪手法的创新提供了无限的想象空间。西周时期，还有一种被称作温鼎的器皿。它具有温热食物的功能，外形一般分上下两层：上层放食物，相当于锅；下层放炭火，相当于炉子。温鼎正面的门可以打开，方便放置燃料或掏取炉灰；后面开有小窗，可以通风助燃。

史父乙豆

现存于宝鸡青铜器博物院的刖人守门鼎就被认为是典型的温鼎造型。

通过以上器皿，我们不难还原西周时期人们的用餐流程：将肉食放于鼎中烹煮后再转至温鼎或直接置于温鼎中烹煮，再用匕将煮熟的肉食切割成小块，从豆中饱蘸酱料后入口即食。这样的用餐流程，竟与现代人吃火锅异曲同工。

春秋末年，随着冶铁技术的出现，青铜礼器逐渐退出了历史舞台。但华夏民族的青铜时代绚丽璀璨，流传至今的青铜礼器种类齐全，他们承载着传统的礼仪，也彰显出华夏文明特有的气度。

刖人守门鼎

捌 青铜文明

青铜是铜、锡以及铅的合金。青铜器特指用青铜制成的器具。中国古代很早就掌握了青铜合金配置的技术,从而进入了青铜时代。《周礼·考工记》中就有关于"六齐"的记载:"六分其金而锡居一(钟鼎之齐),五分其金而锡居一(斧斤之齐),四分其金而锡居一(戈戟之齐),三分其金而锡居一(大刃之齐),五分其金而锡居二(削杀矢之齐),金锡半(鉴燧之齐)。""六齐",即根据铜和锡的六种不同比例来铸造不同器具的冶炼技术。

商周是中国青铜时代的鼎盛时期。这一时期的青铜器种类繁多,形式各异。今天博物馆里常见的青铜器,根据功能不同,大致可以分为食器、酒器、水器、乐器、兵器、车马器等类别。

食器

鼎是一种烹煮和盛贮肉类的器具,也是贵族宴飨和祭祀时的重要礼器。常见的鼎有圆鼎和方鼎两种,圆鼎多为两耳三足,而方鼎一般是两耳四足。

《易经·鼎》中记载:"以木巽火,烹饪也。"《易经》被认为成书于西周时期,可见在周朝人们已经普遍利用鼎来烹饪食物了。

簋主要用来盛黍、稷等粮食,相当于现在的饭碗。簋一般呈"口沿外卷,短颈,鼓腹,低圈足"的外形特点。有的簋还配有盖子,盖子盖在簋上,可起保温作用,盖子脱离簋后,口朝上,还可作为盘子独立使用。

鼎和簋通常是配套使用的。后来它们演变成为礼器,象征意义大于实用价值。

母系氏族社会晚期,原始先民们已经开始种植粟米。在仰韶文化遗

多友鼎

多友鼎铭文详细记载了周厉王时期周人和少数民族狁狁之间的一场战争,对研究西周晚期历史有不可替代的价值。

周礼 周原重器 封建制礼

㝬簋

㝬簋是周厉王为祭祀祖先而铸造的。它是现存商周青铜簋中最大的一件,被称为"簋王"。

址中,出土了大量用于蒸粟米的陶甗。进入青铜时代,华夏大地上除了黍、稷之外,还出现了水稻类的作物。这些谷物,可蒸可煮,很快成为了餐桌上的主食。

鬲是用来烹煮肉类或谷物的器皿。它的外形很特别,呈三足中空状,方便炊煮时扩大受热面积。

甗通常用来蒸米或其他谷类,相当于我们今天用的蒸锅。甗的上半部分用于盛放食物,下半部分可以加水。

矢伯鬲

弜伯甗

酒器

远在新石器时代,人们就已经掌握了酿酒技术。这一技术在夏朝得到了进一步发展,至商周时期达到了高潮。

西周的酒器是在商代酒具的基础上发展而来的,但现存西周酒器的数量和种类远不及商代丰富。这主要是因为从商到周,贵族们对待饮酒的态度以及宴饮的习惯发生了变化。周人认为,殷商灭亡的一个重要原因就是贵族嗜酒成风。《尚书·周书·酒诰》被认为是西周时期所制定的禁酒令。在西周时期,聚众饮酒被严格限制,违者重则会被处以死刑。正因如此,现已出土的西周酒器数量较之殷商时期大为减少。

然而,酒菜一家,食必饮酒,这是中国自古便有的饮宴风俗,在礼数严格的周朝也不例外。

西周的酒器按功能大致可分为盛酒器、温酒器、饮酒器等。

常见的盛酒器有尊、觥、彝、卣、罍、壶、瓶等。

常见的温酒器主要是斝。

常见的饮酒器则主要有爵、角、觚和觯等。

日己方尊

尊是用来盛酒的器皿，也是一种礼器。尊的造型大多是口沿外倾、大肚、高脚、宽体。博物馆中也常见牛、象、鸟等动物形状的尊。

觥是一种不太常见的盛酒器。现存的觥的数量比较少，大多都是动物或神兽的外形。

彝原本是青铜礼器的通称，后来特指一种盛酒的器皿。彝的盖子一般是倾斜式屋顶的形状，器身是立体方形，所以也称为方彝。

卣是一种用于贮存与运送酒浆的罐形器皿，一般呈椭圆形或梨形，通常还有盖子以及拱形的拎手。

罍是一种大型盛酒器，也是一种礼器。罍的基本形式有圆体和方体两种。器形特点是颈部内缩、肩部突出、肚子微收，底部一般为平底或环形。

壶是盛酒的器皿，也可用于盛水，流行于周至汉代。壶的形制非常多，博物馆内还常见有蒜头壶、皮囊壶等。

斝是一种用来温热或发酵酒浆的器物，也是一种礼器。斝一般有三只脚、一个把手和两只耳朵。与爵相比，斝的尺寸要大很多，但没有用于倒酒的流槽。

日己觥

日己方彝

单五父壶

兽面纹斝

卣

垂叶夔纹罍

龙纹爵

史遬角

父乙觚

兽面纹带盖觯

爵是一种盛放、斟倒、加热酒的器具，也通常在祭祀仪式中作为礼器使用。它的前面有倾倒酒的流槽，后面有尖锐状尾部，中间为杯，下有三足。

角是一种饮酒器，一般是下级官吏和平民所使用之物。与爵相比，角没有方便倒酒的流槽，但多了盖子。角流行于商代和西周早期，西周中期以后就很少见了。

觚是常见的杯型酒器之一，用于饮酒，也是一种礼器。觚的腰部较细，口部和底部呈喇叭状。觚也盛行于商代和西周早期，到了西周中期之后，鲜有发现。

觯也是一种杯型饮酒器，形状似小瓶，大多是圆柱体，也有扁体。一般来讲，身份尊贵的人用觯饮酒，下级官吏和平民用角。

水器

匜是一种盛水的容器，它的形状像瓢，前有流，后有鋬，出水口通常设计成动物的造型。匜也是行"沃盥之礼"时使用的礼器，最早出现于西周中期，流行于西周晚期和春秋时期。

盉的形状像茶壶，呈"圆口、深腹"的形制。常见的盉都有盖，且前有流、后有鋬、下有三足或四足，盖和鋬之间还有链条相连接。在"沃盥之礼"中，盉经常代替匜使用，是一种礼器。

镶边云纹青铜匜

盘是祭祀仪式上用来承接洗手废水的一种器具。古代在祭祀和宴飨之前，要先行"沃盥之礼"，通常用匜或盉倒水洗手，再用盘在下方承接废水。

鉴是一种常见的盛水器。最早的鉴是陶质，到春秋战国时期逐渐出现了青铜材质的鉴。鉴中的水面还可以作为镜子使用，"以人为鉴""以史为鉴"的说法即来自于对鉴盛水功能的引申。鉴

盉盘组合

也可装冰，用以冰镇食物。中国古代使用冰来保鲜的历史非常悠久，远在西周时期就有了冰库，而且还有专门管理冰库的官吏，曰"凌人"。

弜伯盘

盂通常用来盛装洗手用的水，也可盛装冰块以保持食物新鲜。根据尺寸大小，盂又有大盂和小盂之分。

青铜盂

汉代青铜鉴

乐器

秦公钟

虎钮錞于

钟是西周宫廷常见的一种打击乐器，也是权力的象征。斜挂的钟称为甬钟，直悬的钟称为钮钟。通常来说，钟的各个部位都有特定的称谓：钟的顶部为"舞"，钟身上部为"钲"、下部为"鼓"，钟口处的两角叫作"铣"，钟唇曰"于"，钟身上隆起的部分称"枚"或"钟乳"。

镈的外形与钟相似，都是厚边打击乐器，出现于西周中期。

錞于也是一种打击乐器，常与鼓配合，用于战争中指挥进退，也可用于祭祀集会、宗庙宴乐等。

秦公镈

兵器

铍是一种由短剑发展而来的长柄兵器，长约 30 厘米。它的外形也和短剑极其相似：铍锋为平脊两刃，铍身断面为六边形。铍的后端有扁形或矩形的颈，用以装柄，一般在颈的近端处开有圆孔，以便穿钉固定在长柄上。

戈是一种用于钩杀的进攻性长兵器，也可作为祭祀、仪仗用品。

戟是戈和矛的合成体，有直刃也有横刃，呈"十"字或"卜"字形，在实战中具有钩、啄、刺、割等多种用途。

钺是一种以劈砍为主要功能的长兵器，形状像板斧，商代以后逐渐演化为象征杀伐之权的仪仗兵器。

青铜铍

镞是安装在箭杆前端的锋刃部分，用弓弦弹发，可射向远方，是冷兵器时代最常见的远程攻击武器。

弩是一种威力巨大的远距离杀伤武器，在春秋时期十分常见，主要由弩臂、弩弓和弩机等部分组成。

西周龙纹四穿戈

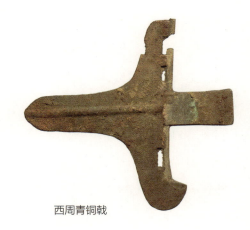

西周青铜戟

青铜箭簇

青铜钺

车马器

辕饰是装饰在车辕前端的铜车饰。它一方面可以保护木质车辕的顶端,另一方面还能起到装饰的作用,后来逐步演变成乘车者身份的象征。

马衔通常放入马嘴之中,与缰绳相连。驭手通过缰绳控制马衔,从而控制马的提顿和转向。

马镳的作用是固定马衔,通常出现在马的脸颊部位。

节约是用来连接络头和辔带的配件,外形一般为单个铜管或交叉铜管。它主要是作为颊带、项带、咽带、鼻带和额带的连接点,起到节制马匹的作用。后来"节约"一词在现代汉语中表示节俭的意思。

中国的青铜时代历时悠久,出现的青铜器种类繁多,除了以上分类之外,常见的还有农具、工具、货币、玺印等。这些青铜器制作精美、用途广泛,文化价值极高,是华夏民族对人类物质文明的重大贡献。

人面纹辕饰

四环相套马衔

青铜马镳

青铜节约

秦军

骊山陈兵 寰宇称奇

秦人最早起源于陇东地区。西周孝王时期，秦人的先祖非子为周王室养马有功，他的部族因此被封为附庸。周平王迁都洛邑后，他们进一步成为周朝的封国。因地处黄河以西，长期和狄戎杂居，秦人生性刚毅勇猛，且富有开拓精神。商鞅变法之后，秦国迅速崛起。在波澜壮阔的春秋战国时期，秦人对内重视耕战，对外合纵连横，终于在嬴政执政时期实现了天下一统。

嬴政统一疆土，宣告了诸侯纷争时代的结束。他还统一了度量衡、文字、货币、车轨等，扩充了"统一"的内涵，奠定了"大一统"的中国历史主旋律。后世对嬴政的评价可谓是毁誉参半，但瑕不掩瑜，这位始皇帝堪称"千古一帝"。

秦始皇陵园气势恢宏、结构复杂，据说是完全仿照秦都咸阳的格局设计和建造的，这是古人"事死如事生"观念的最直观体现。1978年9月，时任法国总理的希拉克参观出土于秦始皇陵陪葬坑的兵马俑时感慨道："世界上有七大奇迹，秦兵马俑可以说是第八大奇迹了！"陪葬坑尚且如此，秦始皇陵的奢华气派则更是难以想象。

出于文物保护的考虑，秦始皇陵并没有被发掘。今天的我们可以走进秦始皇帝陵博物院，去探究秦人开拓进取的精神，寻访秦始皇辉煌的一生，感受两千年前劳动人民的卓绝智慧。

玖 秦始皇帝

公元前259年正月，赵国首都邯郸，一个男婴呱呱坠地。他的啼哭声划破长空，似乎在宣示一个属于他的时代。他就是嬴政。

嬴政出生的时候，秦国还正处在他的曾祖父秦昭襄王统治时期。嬴政的父亲名叫嬴异人，是秦国储君安国君嬴柱的第十四子。异人并非嫡子，加之生母在后宫地位低微，即使父亲安国君嬴柱日后能继承王位，他也不大可能成为秦国储君，更不可能登上秦王的宝座。嬴政的母亲来自赵国，曾是吕不韦的歌姬，后世称之为赵姬。可悲的是，这位孕育和抚养了千古一帝的伟大女性，在历史上竟然连名字都未能留下。

彼时的秦国奉行远交近攻的外交政策，在诸侯间纵横捭阖。赵国也在赵武灵王"胡服骑射"之后，迎来了国力的大幅提升，成为战国七雄中不可小觑的力量。秦赵在外交上数次交手，秦国都未占得上风。蔺相如完璧归赵，后又逼迫秦王在渑池为赵王击缶，从此赵国在诸侯中名声大振。秦昭襄王开始意识到，赵国人才济济、国力强盛，想要在短时间内取得压倒性胜利并不现实。于是秦赵互质，希望以此维持相对稳定的外交关系。嬴异人便在这样的时代背景下被送往赵国，成为一名质子。

公元前260年，秦将白起在"长平之战"中坑杀赵国降卒40余万。赵国从此一蹶不振，也因此无比仇恨秦人。此时的嬴异人，已经彻底沦为秦国的一枚弃子，在赵国饱受欺凌、举步维艰。

赵国的平原君赵胜经常派人保护和资助异人，因为他不想看到秦国的公子客死赵国，从而引起两国之间新的争端。但平原君给予异人的资助远远不够，往往连最基本的口粮都不能保证，异人也因此常与他发生激烈的争执。身为王孙

贵胄，如此行为和他的身份极不相符。然而嬴异人每次都能据理力争、不卑不亢，显示出了非凡的气度。当时在赵国经商的吕不韦对此暗暗称奇。

吕不韦，卫国商人。中国古代因长期重农抑商，吕不韦虽为当世巨商，腰缠万贯，但身份却并不高贵。吕不韦见嬴异人虽落魄潦倒，但仍不失贵族风度，认为他奇货可居，是值得投资的对象。

秦始皇像

于是他主动找到异人，说："我可以光大你的门庭。"

异人笑着回答："阁下还是先光大自己的门庭，再来光大我的门庭吧！"

吕不韦说："我的门庭需要等到阁下的门庭光大之后才能进一步光大。"

双方经过简单的试探后，立即达成共识。异人希望通过吕不韦的资助来改变自己的生活现状，如果能够回到秦国，自然最好。而吕不韦也希望通过投资这位秦国的落魄公子而获取政治资本，彻底改变他富有却卑贱的身份。在今天看来，这是一笔双赢的合作。

有一次，异人到吕不韦府中做客，被吕府一名歌姬的卓雅风姿深深吸引。吕不韦顺水推舟，将这位出身赵国的歌姬献给了异人。异人格外珍惜和宠爱这位患难中的红颜，于是赵姬很快身怀六甲，并为异人生下了儿子嬴政。

自古王室后宫母以子为贵，子以母为荣。嬴异人的生母夏姬素不得宠，这也是异人身份低微的原因之一。然而，当时最受安国君嬴柱宠爱的华阳夫人却一直没有子嗣。这就给了吕不韦和嬴异人可乘之机。吕不韦以行商的名义来到秦国，重金贿赂华阳夫人和她的近侍，高度赞扬异人，并恳求华阳夫人收异人为养子。华阳夫人对嬴异人也有一定程度的了解，觉得收他为养子也未尝不可。况且，认养这样一位贤能的王子，还能进一步稳固自己在后宫中的地位。

公元前257年，秦赵两国再次交恶，赵孝成王决定杀死异人以泄愤恨。异人通过吕不韦，重金收买了邯郸守城的官吏，才得以逃脱。之后，他又混入出征的秦军队伍，最终回到了秦国。因为华阳夫人来自楚国，异人回国后第一时间便身着楚国的服饰前去看望她。华阳夫人由是感动，给他赐名子楚。

当时年仅2岁的嬴政和生母赵氏则被继续留在了邯郸，开始了漫长的监禁和逃亡生活。两国的交战加深了赵国对秦人的仇恨，他们对秦国王室之人更是恨之入骨。幼小的嬴政在邯郸饱尝人间冷暖，坎坷的童年经历也造就了他坚忍不拔的性格。

公元前251年，享国56年之久的秦昭襄王去世，安国君嬴柱继位，是为秦孝文王。华阳夫人被封为皇后，嬴异人也顺理成章地成为太子。然而，嬴柱享国日浅，即位三天后便不幸暴薨。

于是嬴异人继承王位，是为秦庄襄王。

庄襄王继位后，立即封吕不韦为相邦。这位巨商的投资终于得到了回报。

嬴异人治国有方，吕不韦辅佐有道，当时的秦国如日中天，而赵国却日渐衰落。为了缓解紧张的外交关系，赵国迫不得已将嬴政和生母赵氏送回秦国。嬴政在赵国颠沛流离直至9岁，才首次踏上秦国的土地。

公元前249年，秦庄襄王灭东周公国，从此天下再无共主。

两年后，秦庄襄王驾崩，13岁的嬴政登上了秦王宝座。

嬴政年少，尊身为相邦的吕不韦为仲父。吕不韦也继续把持国政，权力一时达到顶峰。

公元前 238 年，嬴政在秦故都雍城（今宝鸡凤翔）举行了成人加冕礼。同年，吕不韦因受"嫪毐之乱"牵连，被流放至巴蜀，后饮鸩自尽。从此，嬴政正式登上政治舞台。

亲政后的嬴政，重用李斯、尉缭等能臣，制定了"灭诸侯，成帝业，为天下一统"的策略。秦国一方面"毋爱财物，赂其豪臣，以乱其谋"，从内部分化和瓦解敌国；另一方面继承历代远交近攻的政策，确定了"先弱后强，先近后远"的具体战略步骤。于是韩、赵、魏、楚、燕、齐六国先后被秦国消灭。

公元前 221 年，嬴政实现了统一，结束了自春秋以来 500 多年的诸侯纷争局面。他随即废除了周朝实行的分封制，在中央实行三公九卿制、在地方推行郡县制，建立起中国历史上第一个中央集权制的封建王朝。

嬴政自诩功德远超三皇五帝，自封"皇帝"，称"秦始皇"，希望自己的统治和皇权可以传承万代。

疆域已定，始皇为了宣德扬威，开始巡游天下。

西部是秦人发源的地方。公元前 220 年，秦始皇向西而行，巡视边境，以稳固后方。始皇帝一行经过秦人祖先长期居住的雍岐故地，最远抵达陇西。回程时又绕道北地，途经崆峒山，最后经回中（今陕西陇县西北）返回咸阳。

之后，秦始皇很快又把目光投向了东方六国故地。公元前 219 年，秦始皇第二次巡游。他东出函谷关，抵达鲁国故地，封禅泰山，并勒石歌功颂德。当他驾临齐国故地时，术士徐福上书，说海上有蓬莱、方丈、瀛洲三座仙山，并有神仙居住。始皇帝祈

两诏铜椭量

　　两诏铜椭量出土于咸阳市礼泉县的南晏村，铜量上的铭文显示："廿六年，皇帝尽并兼天下诸侯，黔首大安，立号为皇帝。乃诏丞相状、绾：法度量则不壹歉疑者，皆明壹之。""元年制诏丞相斯、去疾：法度量尽始皇帝为之，皆有刻辞焉。今袭号，而刻辞不称始皇帝，其于久远也，如后嗣为之者，不称成功盛德。刻此诏，故刻左，使毋疑。"这两篇铭文记载了秦始皇统一六国、自称皇帝、统一度量衡的事迹。

望长生不老，于是派徐福带领童男童女数千人驾船出海，寻找神仙和长生不老的仙药。徐福寻药未果，带着大量粮草辎重，竟一去不复返。日本民间流传徐福最终到达日本，成为日本民族的始祖。

秦始皇的第三次巡游发生在公元前218年，目的依然是巡视东方。然而，当皇帝车驾抵达阳武县博浪沙（今河南原阳附近）时，却遭遇了刺客的袭击。刺客力大无穷，居高临下，以巨大铁锤袭击秦始皇车驾。但有惊无险，铁锤击中的是车队中的副驾，皇帝銮驾安然无虞。

组织这次刺杀秦始皇行动的人叫张良，原是韩国贵族，他的祖父和父亲都曾在韩国拜相。秦灭六国之后，张良身怀国仇家恨，散尽家财，寻得一名叫仓海君的大力士，一番精心策划之后，展开了刺秦的行动。刺秦失败后，张良四处流亡，得到黄石老人亲授兵法，最终成就帝师之才。

公元前215年，始皇帝巡视北境，最远抵达秦皇岛。然后转向西行，经渔阳、上谷、代郡、雁门、云中等地，再向南而行，返回咸阳。这是秦始皇第一次北巡，他发现北部边境并不稳定。在春秋战国群雄逐鹿中原之际，匈奴已经悄然崛起，严重威胁着帝国的北部边境。为了积极备战，他下令修筑了秦直道。秦直道南起咸阳，北通内蒙古包头，全程700多公里，有效地加强了内地和北部边境的联系。

同时，秦始皇还派大将蒙恬率军在北境修筑长城，以抵御匈奴人的袭扰。其实早在先秦时期，各国就已经普遍修筑城墙，用以抵御北方的游牧民族。蒙恬将原有的城墙连接起来，最终形成了一条西起临洮、东至辽东、绵延万里的防御工事，号称"万里长城"。

五年之后，秦始皇再次踏上了巡游的旅程。这一次，他出武关一路南下，经湖北，抵达湖南九嶷山，望祭尧舜。然后又顺江而下抵达钱塘，登上会稽山，祭祀大禹。之后又北上，抵达山东半岛后往西返回。不料始皇帝在途中积劳成疾，未及返回咸阳，便病逝于河北沙丘。

千古一帝的人生旅途在第五次巡游中戛然而止。随行的小儿子胡亥在赵高和李斯的怂恿下矫诏继位，史称秦二世。

秦始皇驾崩后，归葬位于骊山脚下的皇陵。

秦军 骊山陈兵 寰宇称奇

秦长城内蒙古包头段

秦始皇陵

秦始皇陵工程开始于公元前 247 年,即嬴政 13 岁继承王位之时,一直延续到公元前 208 年也未能按原计划完工。如果不是突如其来的农民起义,工程或许还会持续下去。史书记载,秦始皇陵工程最繁忙的时候,动用修陵的刑徒和徭役人数竟多达 72 万。皇陵工程之浩大、持续时间之久、用工人数之多,均属前所未有。

据史料记载,秦始皇陵以覆斗形的陵冢为核心,外围设置有内外两重城垣,呈"回"字形。落成的陵冢封土堆高达 120 米,历经两千多年风雨的洗礼,现在的秦始皇陵封土堆依然宏伟高大,远眺清晰可见。两重城垣分别为内城和外城,城内建筑宏伟、馆舍林立,象征着秦都咸阳。在秦始皇陵墓

秦陵内城南门遗址

的周围，还分布着六百多座陪葬墓和陪葬坑。高大的封土堆、"回"字形城垣、宏伟的建筑群以及数量众多的陪葬墓，一同构成了秦始皇陵地面上的完整形态。

秦陵的地宫位于内城南半部的封土之下。据司马迁《史记》记载，秦陵地宫注有水银，以象征江河湖海；地宫顶上镶着夜明珠，象征着日月星辰；地宫内用鱼油燃灯，长明不灭。秦始皇把他生前的荣华富贵，连同他的秘密全部带到了地下。墓室里放满了奇珍异宝，同时也装着带有利箭的弓弩，盗墓者闯入即会被射死。秦始皇的棺椁安放在地宫的中心位置，也有学者认为它是浮在水银上的，方位并不固定。这样设置，是为了故意隐藏皇帝棺椁的位置，防备盗墓者破坏和袭扰。

考古队对秦陵地宫附近的土壤进行了探测，发现这里的土壤中确实存在很明显的汞含量异常现象，而且呈现出"东南和西南方向较强，东北和西北方向偏弱"的分布特点。这说明司马迁在《史记》中"以水银为百川江河大海"的记载大体可信。地宫内水银"东南、西南强，东北、西北弱"的分布特点，也正好契合中国江海湖泊的分布特征。秦始皇在位时曾多次巡游，当时的人们很可能对中国的自然地理已经有了一定程度的了解。

在中国古代，人们相信人死之后会在另一个平行世界继续过着类似的生活，所以对待死者应该"事死如事生"。这样的观念，在古代帝王和王公贵族的陵墓上体现地尤为突出。秦始皇陵地下的寝宫内"上具天文，下具地理""以水银为百川江河大海"，凸显出陵墓主人的尊贵，也符合千古一帝的显赫身份。

铜车马

1980年冬天，在秦始皇陵西侧的陪葬坑出土了两乘形制巨大的铜车马。这一陪葬坑面积达3000多平方米，很可能是秦始皇陵寝的"车库"。这里出土的铜车马，应该是秦始皇出行中的"属车"的原型。张良和仓海君在博浪沙刺杀秦始皇时击中的大概就是这样的车驾。而始皇帝自己乘坐的，应该比这些"属车"还要奢华气派。

两驾铜车马出土时已完全碎裂，考古工作者经过拼接，才恢复了它们昔日的风采。它们的尺寸仅为真实车马的二分之一，均为双轮、单辕、前驾四马的结构，但造型与功能却略有不同。

一号车又名"高车"，被认为是护卫武士乘坐的，是单辕双轮的形制。车的右侧放置有一面盾牌，车前挂着一件弩机和一些箭镞。车上有一圆伞，伞下站立一名身高91厘米、背负宝剑的铜御官俑。在皇帝出行时，他不仅负责驾车，还要肩负护卫的职责。

二号车又名"安车"，被认为是后妃等人的代步工具，也是单辕双轮。车厢分为前后两室，前室为御手所居，室内跽坐一御官。后室为主人所居，车舆上有穹窿形的车盖。车体上绘有彩色纹样。车马均有大量金银装饰。

铜车马精美绝伦，被誉为"青铜器之冠"。始皇帝生前数次巡游天下，他的陵墓陪葬坑中出现这样奢华的车驾也不足为奇。

除了高规格的陪葬品之外，人殉也是一种彰显帝王显赫身份的墓葬方式，这在先秦时期非常普遍。在始皇帝的先祖秦景公的墓葬中，就发现了大规模的人殉现象。然而，在秦始皇陵四周，除了王公贵族的陪葬墓之外，并没有发现任何殉葬的遗迹。多份

一号车御手

史料表明，秦始皇最初也是希望以大规模的士兵和奴仆来为自己殉葬的，因为只有这样，才足以彰显他的身份。但在李斯等人的建议下，这位给后人留下残暴印象的千古一帝，最终还是摒弃了人殉的做法，取而代之的是真人大小的陶俑和战马，即兵马俑。

兵马俑被誉为"世界第八大奇迹"，而它也只是秦始皇陵园外围众多陪葬坑中的一部分。现已发现的秦始皇陵园陪葬坑和陪葬墓共有600多处，出土了包括兵马俑和铜车马在内的文物多达50,000多件。截至目前，对于秦始皇帝陵的考古发掘还只局限在外围，皇陵地宫依然是谜一样的存在。今天我们远眺这座巍峨的帝陵，或多或少也能感受到这位千古一帝气吞山河的丰功伟绩。

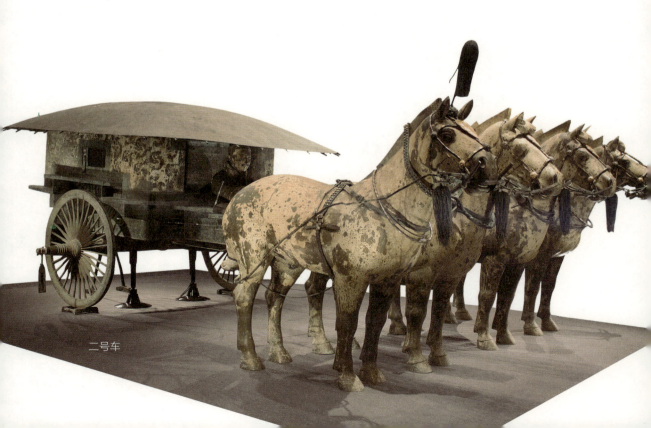

二号车

拾 地下军团

陕西省西安市临潼区的西杨村，位于秦始皇帝陵的东侧约 1.5 公里处。1974 年的春天，乍暖还寒。西杨村村民杨志发等人在抗旱打井时，偶然发现了一些陶俑的碎片。经考古工作者持续的勘探和发掘，揭开了深藏于地下 2000 多年的秦兵马俑的神秘面纱。

杨志发他们当时所发现的，是后来被称为一号俑坑的兵马俑陪葬坑。1976 年 4 月，考古队在一号坑的东北方向发现了二号坑。后又在一号坑西端北侧 25 米处发现了三号俑坑。至此，一个神秘的地下军团完整地展现在了世人面前。

在兵马俑一号坑发掘过程中，考古人员发现了一些带有铭文的青铜戈。其中一把戈上"三年相邦吕不韦造，寺工詟，丞义，工窝"的铭文清晰可见。

铭文中的"三年"，即秦王嬴政三年（前 244）。"相邦吕不韦造"，意思是说，时任相邦的吕不韦是这件兵器的最高督造者。"寺工"，是兵器生产的直接负责人，相当于现在的厂长，他的名字叫"詟"。"丞"是管理工匠的官员，类似现代的车间主任，"义"应当是他的名字。具体铸造这件兵器的工匠，名字叫"窝"。

"窝"的名字出现在了从秦陵出土的刻有不同年份的多件兵器上，这些年份时间跨度长达十余年。可以想象，在这十几年里，"窝"一直在从事兵器铸造工作，从稚嫩的学徒熬成了技术纯熟的老工匠。

秦陵工程量巨大，工期非常紧张，"窝"和家人聚少离多。他不止一次梦见离家前的那个晚上，母亲在微弱的灯光下为他赶制棉衣和鞋履的情景。母亲手中的针线在一层又一层的粗布上穿梭，纳出厚厚的鞋底。每一只鞋底都需要千百针的穿刺，这看似简单的活计，却需要灵巧的十指和穿刺的力量完美结合才能完成。

秦始皇时期，国家对士兵尚没有统一的军装，工匠们的后勤保障就更不敢奢想了。"窝"的母亲可谓是无数秦国徭役和士兵母亲的缩影，她们用手中的针线为子弟兵缝制被服，也间接为国家尽到了自己的绵薄之力。

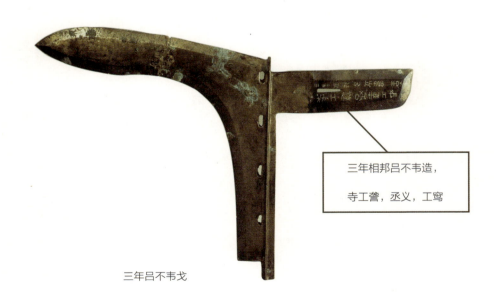

三年相邦吕不韦造，
寺工詟，丞义，工窝

三年吕不韦戈

弩兵俑

在秦兵马俑二号坑遗址，陈列着一尊跪式弩兵俑。因其保存完好、面容端庄，被誉为数千件陶俑中的"模特"。他脚上穿的，正是类似"鸢"母所纳制的千层底布鞋。

仔细观察还会发现，这双鞋底的针线密度前后并不一致，脚尖和脚跟处的针线明显密集一些，而脚掌部分则略显稀疏。众所周知，在行走和奔跑的过程中，我们更多依赖的是脚尖和脚跟部位与地面的摩擦力。加大脚尖和脚跟处针线的密度，不仅可以使鞋底更加结实，还能有效地起到防滑和助力的作用。

秦军 骊山陈兵 寰宇称奇

跪射俑

跪射俑鞋底

不难想象，正是诸如千层底这样别具匠心的设计，给秦国的军士们提供了细致入微的后勤保障，从而装备起一支横扫六合的虎狼之师。

这件跪式弩兵俑神情专注，惟妙惟肖。他左腿蹲曲，右膝跪地；身体保持笔直，头部略转向左侧，双目凝视左前方；双手在身体右侧，一上一下，呈紧握弓弩的姿态。

跪射的士兵在射击时身体的重心会落在右膝上，左足、右膝、右脚尖三点在地平面上形成一个三角形，以此支撑身体，使之保持平稳。士兵保持"跪射"的姿态，目标小，不易被发现，从而形成一种埋伏时的理想攻击状态。

二号俑坑中还发现了立式弩兵俑。在实战中，立射弩兵和跪射弩兵起伏轮番射击，可以确保最大密度的火力覆盖。

除弩兵俑之外，二号坑内还发现了大量的骑兵俑和步兵俑，以及战车的痕迹，可谓是当时秦军多样军种的集中展示。

立射俑

骑兵俑

骑兵俑上身穿着短甲,下身穿着紧口裤,脚蹬长筒马靴。骑兵立于马前,右手牵着战马、左手紧握弓弩。他的铠甲比步兵和车兵的甲衣略短一些,长度仅及腰际,且双肩无护肩甲,这样的装束便于骑马和操持弓弩。他的上衣为窄袖口,双襟交掩于胸前,长度及膝,方便抬腿上马。骑兵俑的这种服饰是秦人服饰与"胡服"交融的典型例证。

秦代的战马普遍比较矮小,身长只有约 200 厘米,头高约 170 厘米。马背上的马鞍为低桥鞍,鞍上没有系马镫(挂在马鞍两旁的铁制脚踏),也没有攀胸的大带(马鞍的附件,防止其移位),这说明当时骑兵的装备还不够精良。

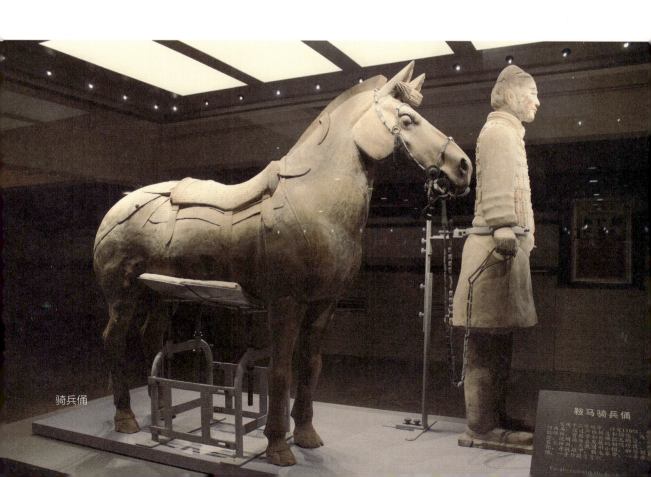

骑兵俑

陶马的尾巴呈辫尾式,即把马尾梳成长辫拖在身后。在实战中,如果任由马尾甩动和飘扬,很可能遮挡后面骑兵的视线,也极容易和其他战马或车具发生缠绕。辫尾既避免了以上的不便,又兼顾了马尾驱赶蚊蝇和在奔跑时保持平衡的实用功能。现在颇为流行的"马尾辫"的灵感,或许正是来源于此。

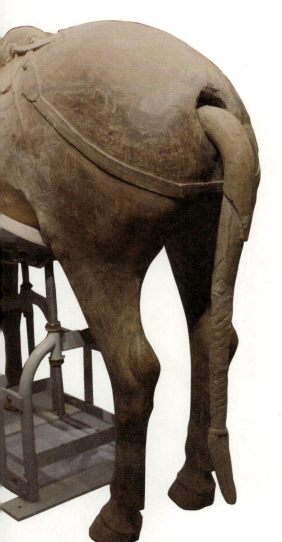

马尾

将军俑

将军俑体格健壮，身材高大，前庭饱满，双目炯炯有神。他头戴燕尾长冠，身披战袍，胸前覆有铠甲，双手相握置于腹前。从身体和双手形态来看，他的原始形态应该是挂着一把利剑。他腹部微微隆起，身材魁梧却不显臃肿。脚上蹬着战靴，靴子前端向上高高翘起，俨然一副"趾高气昂"的大将军形象。

将军俑是目前俑坑中出土的级别最高的军吏。他神态刚毅自然、沉稳平静，表现出身经百战、临危不惧的大将风度和运筹帷幄、决胜千里的必胜信心，是当时秦朝威震四海的强大军队中上层武官的真实写照。

将军俑

战车

　　战车是冷兵器时代的重兵,在平原旷野作战时往往能发挥出巨大的威力。

　　考古工作者推测,二号俑坑内的战车单元是由 64 乘战车组成的方阵,每列 8 乘,共有 8 列。每辆战车前都有真马大小的陶马 4 匹,他们是战车的驱动力。战车后有兵俑 3 尊,居中的是牵着马的御手(驾车的人),另外两尊兵俑分别立于左右,手持长柄兵器。

　　"鸾"的主要工作是铸造兵器,他并不在秦陵工地上工作,但工作之余,他也从其他同伴的口中得知了秦陵陪葬坑的一些情况。

　　在建造陪葬坑时,工匠们先就地挖出一个 5 米左右的深坑,在坑内留下隔墙用以承重,并在坑底砌以砖块。陪葬用的兵马俑制作完成后会以一定的顺序摆放在坑内,然后再在隔墙上横架圆木作为顶棚。顶棚的上面铺设草席,然后再在席上封土。竣工后的陪葬坑是一个完全封闭的地下空间。

战车印迹

秦军阵型

今天我们看到的一号俑坑，是三个陪葬坑中面积最大的一个。它是一个东西向的长方形陪葬坑，长约230米，宽约62米，可容纳六千多尊兵马俑。这些兵马俑被排列成一个实用的"奇正阵型"，他们面向东方，时刻保持着对东方六国的军事震慑。

"弯"所铸造的兵器，就握在这些兵俑手上。

"奇正阵型"由前锋、侧翼、后卫及主体四大部分组成。前锋部队位于俑坑的最东端，他们面向东方，有三横排，每排大约70名士兵。这些士兵都没有佩戴头盔，身上甚至连最基本的铠甲保护都没有。这样的装束看似奇特，但符合实战要求，因为在战争中他们要充当敢死队的角色，轻装简从可以最大限度地保证他们的机动性。

侧翼部队位于军阵的南北两边，他们面向军阵外侧，手持远距离攻击武器，从两个侧翼保护整个军阵。

后卫部队位于俑坑最西端，也由南北向排列的三排横队组成。

军阵的主体部分是战车和步兵。每辆战车前后跟随着不同数量的步兵，从而形成一个个步兵与战车相间、纵向排列的作战单元。

《孙子兵法》中记载："凡战者，以正合，以奇胜。"秦军在多年的征战中，已经能熟练驾驭这种先进的战法。想象自己国家军队南征北战的情景，"弯"也不禁为之感到自豪。

"弯"的同伴还讲到，每一尊陪葬坑中的陶俑，都有相应的原型。然而，不是所有的秦国士兵和战马都有资格成为兵马俑的原型，为这位雄心勃勃的秦王陪葬。他们都是从千军万马中精心挑选出来的，必须体型匀称、身材高大。

一号坑前锋部队

兵马俑的制作工艺

要制造出真人比例的陶制士兵俑，工匠们首先采用泥条盘筑法来塑造他们的躯干。巨大的腹腔被设计成空心，下肢部分则必须是实心。因为只有这样，才能保证笨重的陶俑重心朝下，使他们稳固站立。而空心的腹腔因重量小，可以有效减少陶俑腿部的负重。把腹腔设计成空心，当然还有另外一个重要的原因：陶俑用泥土塑造成型后还需经过高温烧制，在这个过程中，因为头部还没有安装，空腹的兵俑会在脖颈部位形成一个大的排气口。烧制过程中所产生的热气流可以从脖颈部位排出，整个陶制品不至于因高温而爆裂。

头部的制作更为复杂。工匠们需先塑出俑的头部轮廓，再通过粘贴的方法将耳朵、头发、发髻等部分贴刻成型，最后再运用雕刻的手法，将五官和胡须刻画出来。

烧制成功后，工匠们再对头部和躯干部分进行拼接，最终形成一尊完整的士兵俑。

因为制作士兵俑所用的模具均为一次性使用，绝无重复。这样做出来的兵俑形态各异，就连面部特征都各不相同，是真正意义的"千人千面"。

俑坑内秦军将士的脸型已经基本囊括了当代中国人"目、国、用、甲、田、由、申、风"的八种类型。

此外，兵俑中也不乏面容似外族者。秦人久居西陲，与众多少数民族杂居，秦军中出现胡人血统的兵士，亦不足为奇。

众所周知，商鞅变法之后秦国的军功就与爵位直接挂钩了。从此，贵族的世袭被打破，寒门子弟可以通过建立军功而改变自己的命运和家族的阶层。秦人从军的积极性就这样被最大限度地激发出来，实现了全民皆兵。秦军士兵面容特征如此全面，也从侧面印证了秦国征兵的广泛性。

千人千面

坑内的士兵俑，有的左手自然下垂，右小臂抬起并与大臂呈 90 度夹角，右手紧握兵器，这是步兵的原始形态。有的双手小臂均抬起，和大臂呈 90 度夹角。这些士兵的前方设置有马车，他们是驾驭战车的御手。

"鸾"在皇陵工作数年，从未接到为陪葬兵俑铸造盔甲的任务。他从同伴口中得知，陪葬陶俑身上的盔甲都是塑造上去的，所以不需要用青铜制作。这些兵俑头上也根本不需要佩戴头盔。因为勇猛的秦人向来崇尚武力，自商君变法以来，国家鼓励士兵在战场上建功立业，于是秦国士兵往往不顾生死和敌人展开搏斗。笨重的头盔会影响士兵们的灵活性，所以他们更愿意轻装上阵。

秦国的无名工匠们对生活观察细致入微，他们凭借精湛绝伦的雕塑技艺，用双手将威武雄壮的秦军形象塑造得栩栩如生。

"鸾"的同伴还提到了一个面积相对较小的陪葬坑。

陪葬坑的东边是一条长约 11.2 米、宽约 3.7 米的斜坡门道。门道的尽头是一个车马房，车马房两侧各有一间厢房，被称作南厢房和北厢房。

南厢房

南厢房内陈列着一些士兵俑,这些陶俑并没有按照作战队形来排列。他们所持的兵器也与其他陪葬坑内出土的兵器明显不同。后者通常配备远程攻击的弓弩,以及近身格斗的矛、戈、钺、剑等,而这一小型陪葬坑内却只有一种无刃的兵器——铜殳。"弯"对铜殳并不陌生。它通常出现在仪仗队伍中,作为礼器使用,并不具备任何实战功能。

三号坑南厢房

北厢房

北厢房是战前用来占卜的场所，这里放置着龟壳、鹿角和牛肩胛骨等占卜用品。占卜时，巫者用火灼烤龟壳，使龟壳发出声音并出现裂痕。这种声音在占卜者看来，是神在传达某种旨意。龟壳上的裂痕也充满无穷的玄妙，占卜者通过裂痕可以判断战争的吉凶。

毫无疑问，这是整个地下军阵的军幕，即军队的指挥部！

同伴对秦陵陪葬坑的描述津津有味，"鸢"闻之心潮澎湃。新继位的秦王虽然年少，但雄心勃勃。他继位之初就开始考虑自己的身后之事，并用规模如此宏大的军阵为自己陪葬。"鸢"完全有理由相信，秦国在新王的带领下一定会变得更加强大。

三号坑北厢房

拾壹 大国工匠

"鸢"所生活的年代是战国末期，铁器牛耕已经在农业生产中得到了普及。但受当时冶铁技术的限制，在大规模兵器铸造的选材上，他们依然使用的是青铜。中国很早便进入了青铜时代，到了战国末年，这种以铜和锡为主的合金已经在中国工匠们手中被把玩了上千年。

超越时代的技艺

"鸢"作为学徒的时候，也曾铸造过青铜剑。他铸造的剑修长而锋利，但是在实战中很容易被折断。有经验的老工匠告诉他，青铜质地脆弱，需要增加合金中锡的比例，才能使兵器更加坚硬而又富有韧性。而且青铜剑不宜太长，如果一定要追求长度，还须对它的外形进行改良。

老工匠拿出自己打造的一柄长剑作为示范，给"鸢"传授他们多年以来总结的经验。"弯"仔细聆听、认真观察,他发现改良后的剑身呈两刃八面的形制,像窄长的兰叶。剑锋部分被设计成锐角,左右两边完全对称。从剑锋往剑柄方向看去,到了三五寸的部位有一段内凹的束腰,之后又逐渐加宽。接近剑柄处的剑身最宽,足足有一寸多。老工匠强调说,这样的束腰在实战中可以增加穿刺的速度。剑身的两个面上还分别打造有三条凸出的棱线,把剑面均匀分割成四个棱面。老工匠告诉他,这六条棱线是宝剑的"筋骨",可以使青铜剑变得更加坚韧,还可以起到血槽的作用,在实战中能增强宝剑的杀伤力。"弯"发现,这些棱线条条笔直平行,用肉眼根本看不出任何误差。

事实上,这些青铜剑在沉睡了两千多年以后,依然寒气逼人、锋利无比。考古学家在对兵马俑二号俑坑进行发掘时,发现了一把秦青铜长剑。出土伊始,它依然能一次性划破十几张报纸。借助现代科学手段,专家们发现这些青铜剑都经过了类似现代"化学镀铬技术"的处理,所以具备一定的防腐能力。

像"弯"这样的工匠,其实也只是普通劳动人民中的一员。在没有任何现代几何、物理、化学等理论支撑的年代,他们依托经验,口口相传,经过反复实践,最终练就了超越时代的高超技艺。

秦青铜长剑

物勒工名

按照秦律，工匠们必须对自己的产品终身负责。兵器铸造完成并检查无误后，具体铸造的工匠须将自己的名字镌刻上去。

工匠的上级"丞"也必须为产品负责，他检查合格后，也须加刻自己的名字。

战国末年，秦国连年征战，对兵器的需求与日俱增。为了更好督造和组织兵器铸造工作，国家成立了专门的机构来负责此类事务，这种机构被称作"寺"。"寺工"作为兵器铸造机构的最高负责人，在每件兵器铸造完成后也需仔细检验，并对兵器的质量进行严格把关。

秦王嬴政继位以后，加快了对东方六国武力征服的步伐。于是，秦国把兵器督造工作视作国家工作的重中之重。在秦陵陪葬坑出土的兵器上，常有"吕不韦""李斯"的字样。可见，兵器督造工作的最高负责人正是国家的丞相。

物勒工名

从这些出土文物的铭文来看，秦国当时的军工管理分为四级，分别是：国家的丞相、类似于厂长的寺工、相当于车间主任的寺丞，以及以"弯"为代表的工匠。通过这样的垂直管理，整个生产责任链条变得明确且清晰，任何一个质量问题都可以通过兵器上的名字溯源到具体的责任人。

这种器物的制造者通过镌刻自己姓名以便管理者监督和检验的制度，在历史上被称为"物勒工名"。这一制度其实早在春秋时期就已经出现了，在吕不韦主持编纂的《吕氏春秋》中就有记载。到了战国末年，这种高效严格的垂直管理制度已经得到了普遍应用。

标准化大生产

完善的管理制度保证了秦国统一技术标准的实行和全面推广，也催生了一批精良的战争装备。在这些装备中，杀伤力最强的当属弩机。

在秦兵马俑，有大量的箭簇和弩机被发掘出来。考古工作者仔细比对，发现不同弩机上的悬刀和望山等青铜零部件的尺寸达到了高度的统一，甚至可以在不同的弩机中相互替换使用。从秦陵工程的规模和历时来看，这些弩机决不可能出自同一名工匠之手。

在人类历史上，"标准化大生产"是近代工业革命的产物。1798年，美国人伊莱·惠特尼运用科学的加工方法和互换性原理制造出了零件可以互换的标准化滑膛枪，因此他也被称作"标准化之父"。然而，"弯"和他同时代的工匠们在"物勒工名"的制度下，领先西方两千余年实现了标准化大生产，这样的成就简直令人难以置信。

秦军 骊山陈兵 寰宇称奇

铜弩机构件

　　秦始皇陵巍峨奢华，每一尊陪葬的兵马俑都堪称艺术精品，每一件出土的兵器都曾被精心打造，这是成千上万的劳动人民卓绝智慧和辛勤劳作的结晶。在物勒工名的那一刻，"弯"的心情或诚惶诚恐，或愉悦欣喜，今人已无从得知。但就在那一刻，大国工匠们也将踏实高效的时代精神永久地镌刻在了这些艺术品之上。

汉风

五陵帝家　治世雄风

公元前202年，刘邦创立西汉。建国初期，社会经济凋敝不堪。汉高祖刘邦汲取了秦朝灭亡的教训，果断采取休养生息的政策，让士兵们解甲归田，释放奴婢为平民，让他们参与社会生产。同时他还采取有效措施，减轻农民赋税。

汉文帝、汉景帝统治时期，与民生息的政策得到进一步推广。统治者依然十分重视农业生产，他们进一步减轻农民赋税，同时以身作则，提倡勤俭治国。这一时期，政治清明，国力强增，钱粮充盈，人民生活安定，史称"文景之治"。

"文景之治"为大汉朝积累了雄厚的经济基础。继任的汉武帝雄才大略，他在位期间大力发展经济，罢黜百家，独尊儒术，加强了中央集权，又主动出击匈奴，巩固了大一统的局面。西汉王朝从此进入鼎盛时期。

五陵原上坐落着九座西汉皇帝的陵墓，也出土了数量众多的汉代文物，汉景帝阳陵和汉武帝茂陵便是其中的典型代表。在帝陵和其陪葬墓基础上建立的汉景帝阳陵博物院和茂陵博物馆，通过丰富的馆藏文物，重现了文景风貌和汉武雄风。

拾贰　汉家陵阙

五陵原，地处陕西省咸阳市以北，是一片由黄土堆积而成的、地势平坦的高地。它北接泾阳，南抵渭河，西起兴平，东至高陵，东西长约 40 公里。西汉王朝自汉高祖至汉平帝，共 11 位皇帝，其中有 9 位就长眠在这里。

西汉帝陵沿袭了秦始皇设置陵邑的做法。所谓陵邑，就是设置在帝陵周边的居民区。这些居民大多是迁徙而来的外地贵族和地方豪强，他们由朝廷直接管理。汉高祖长陵、汉惠帝安陵、汉景帝阳陵、汉武帝茂陵和汉昭帝平陵，这五座西汉帝陵都曾大规模设置陵邑，"五陵原"的说法即由此而来。

随着越来越多的富商贵族迁居到五陵原，这里便成为当时富豪的聚居地。因此，有钱有势人家的子弟亦被称作"五陵年少"。唐代大诗人李白诗句"五陵年少金市东，银鞍白马度春风。落花踏尽游何处？笑入胡姬酒肆中"以及白居易在《琵琶行》中的诗句"五陵年少争缠头，一曲红绡不知数"描写的都是居住在五陵原上的富家子弟们放荡不羁的日常生活。

长陵，是汉高祖刘邦和吕后的合葬陵，在五陵原上是一个特殊的存在。在诸多西汉帝陵中,皇帝和皇后大都采用"同茔不同穴"的墓葬规制。也就是说,皇帝和皇后虽葬在同一陵园,但分葬在不同的墓穴中,只是让皇后享有和皇帝"同茔"的殊荣。吕后和汉高祖刘邦"同茔同穴"合葬长陵,或许与吕后的特殊身份以及她不同寻常的人生经历不无关系。

吕后,名雉,是汉高祖刘邦的皇后。吕雉出生于单父县(今山东菏泽单县),她的家族在当地也是小有名气的门阀。父亲吕公因躲避仇家,不得已背井离乡。因好友在沛县做县令,于是举家搬迁,来到了沛县。

下车伊始,吕公就大摆宴席,感谢沛县县令的关照,同时也想借机结识当地豪强。沛县县令亲自出席,并安排手下的萧何来主持具体接待事务。萧何按照贺礼的轻重排定坐席

汉高祖长陵

位次，送礼多的客人被安排在上席，送礼少的则居下位。刘邦闻讯也跑来凑热闹，他身上实无一文，却高呼贺钱一万。吕公不明原委，竟将他奉为上宾。然刘邦隆鼻美髯，席间举重若轻、谈笑风生，行为举止不似等闲之辈。自认为见过大世面的吕公，对此也暗自称奇。

宴会后吕公留住了刘邦，对他说："我向来善于相面，也阅人无数，但从未见过像你这样高贵的面相。我有一女，待字闺中，今愿许配与你。"当时的刘邦还在泗水亭长任上，属于秦朝的基层干部，平时只是负责巡逻、缉盗等琐碎事务，连自己的家人都看不起他。面对吕太公的主动示好，刘邦自然不会反对。

而吕雉的母亲却并不赞同这门亲事。她埋怨吕公说："你一直认为我们的女儿有富贵相，要把她嫁给一位贵人。现在我们来到沛县，县令也有意娶她。你拒绝了他的提亲也就罢了，为什么反而将女儿嫁给区区一个亭长？"

吕公则是很坚定地回复道："这就不是你一个妇道人家所能理解的了。"

刘邦"贺万钱"的举动在常人看来确是无赖之举，但他这种人往往无所畏惧，不循规蹈矩，敢于打破常规。在风云际会的秦朝末年，刘邦这些难能可贵的品质，或许正是他这位未来的老丈人所看重的。

早年的刘邦，游手好闲，不事农桑。婚后的吕雉自食其力，赡养父母，相夫教子，也堪称贤惠。

秦末徭役繁重，民间苦不堪言。有一年，沛县泗水亭长刘邦在押解徭役赴骊山时因喝酒误事，导致徭役大量逃脱。秦律苛刻，刘邦自知难逃罪责，于是仿效陈胜吴广，也选择了起义，从此亡命芒砀山中。彼时的吕雉除了操持家务之外，还时常长途跋涉，为刘邦送去衣物钱粮。

后来刘邦几经辗转，加入了项梁的起义队伍。在张良、萧何、樊哙、曹参、周勃、卢绾、夏侯婴等人的辅佐下，刘邦率军先入咸阳，推翻了秦朝的统治。鸿门宴后，刘邦忍辱负重，被项羽封为汉中王。他在汉中休养生息，又在萧何举荐下得到帅才韩信。那颗本来就不安分的心，再也按捺不住了。于是刘邦拜韩信为大将军，命他"明修栈道，暗度陈仓"，进军关中，拉开了"楚汉之争"的帷幕。

纵观整个"楚汉之争"，刘邦的汉军胜少败多，吕雉和家小一度为项羽所俘，想必她们在敌营中也没少遭受折磨和凌辱。

公元前202年，刘邦集团在垓下之围后彻底消灭了项羽的有生力量，建立起西汉王朝。刘邦践大汉天子位，封吕雉为皇后。吕雉性格刚毅且智慧超群，早在"楚汉之争"时就一直是刘邦集团的重要决策人物。西汉王朝建立后，她又屡次干涉朝政，不仅设计除掉了功高震主的韩信，还帮助儿子刘盈巩固了太子地位，政治野心暴露无余。

汉高祖刘邦驾崩后，刘盈继位。可怜这位汉惠帝在母亲的阴影下不久便忧郁而终。于是吕雉临朝称制，行使皇帝职权，直至病逝。

西汉王朝建立之初，由于多年的战乱，国民经济凋敝不堪。刘邦起于草莽，深知民间疾苦。他提倡无为而治，对农民轻徭薄赋，让士兵解甲归田，从事农业生产。吕后实际执掌大权后，继承了汉初无为而治的政策，与民生息，使国家的生产力得到了很大程度的提高，也为"文景之治"打下了良好的基础。

司马迁在《史记·吕太后本纪》中评价吕后"政不出户，天下晏然；刑罚罕用，罪人是希；民务稼穑，衣食滋殖。"这是对她执政功绩的充分肯定。

皇后之玺

1968年9月的一天，陕西咸阳一个名叫孔忠良的小学生在放学回家途中意外捡到了一块光亮的玉石。孔忠良的父亲辨认出这是一枚印章，于是第二天就立即来到西安，把它送到了当时的陕西省博物馆，交由专家鉴定。

经鉴定，这是一枚用新疆和田羊脂玉刻制而成的印章。印面呈正方形，印上雕有一只螭虎形象作为钮，印的四周还刻有云纹。印面有篆书"皇后之玺"四个字，书体流畅、刀法自然娴熟。

从这枚玉玺的质地、钮式和文字来看，应该是属于西汉的物品。它的出土地点距离汉高祖和皇后吕雉合葬的长陵很近，只间隔一千米左右。再结合印面上的字迹，专家推测，这枚玉玺很可能是吕后生前所用之物。长陵屡遭盗掘，皇后之玺因形制较小而被盗墓者忽略遗弃，最终被孔忠良捡获。

吕后在汉高祖驾崩后被尊为皇太后，是中国历史上第一位临朝称制的女性。可以想象，这枚皇后之玺也曾在吕后手中下达过诏书、颁布过律令，实际掌控着大汉王朝的命运。

吕后病逝后，周勃等老臣拥立刘邦和薄姬的儿子代王刘恒继承皇位，是为汉文帝。刘恒颇重孝道，为母亲尝汤药的事迹被列为二十四孝之一，在民间广为流传。刘恒继位后推崇黄老之学，继续与民生息，轻徭薄赋。他还极度崇尚节俭，并能以身作则。为了避免劳民伤财，他长眠的霸陵不封不树，直到2021年才被考古工作者找到。

汉文帝和他的继任者景帝刘启统治时期，大汉江山逐渐稳固，人民生活日益富足，出现了史无前例的盛世局面，史称"文景之治"。

"文景之治"时期，中央皇权和地方诸侯国势力之间的矛盾日益尖锐。于是汉景帝采取了御史大夫晁错削藩的建议，希望以此加强中央集权。诸侯国的利益受到严重损害，吴王刘濞便联合楚、赵等七个诸侯国向朝廷发难，要求"诛晁错，清君侧"。汉景帝妥协，腰斩晁错于长安东市。晁错既死，但诸侯联军却未见有撤兵之意。他们认为景帝懦弱，反而愈加骄横。景帝不得已采取了雷霆手段，任用太尉周亚夫率军平叛，很快将诸侯国的势力清除殆尽。景帝一朝的削藩取得了不错的成果，为汉武帝以推恩令彻底解决诸侯王问题创造了必要的条件。

皇后之玺

到了汉武帝刘彻继位时，大汉王朝已经完成了"文景之治"的积累。《史记》在描述"文景之治"后国家经济状况时写道："京师之钱巨万，贯朽而不可校；太仓之粟陈陈相因，充溢露积于外，至腐败不可食……"

经济基础已经夯实，实现国家真正大一统的历史任务责无旁贷地落在了汉武帝的肩上。

于是在父辈削藩的基础上，刘彻推出了

"推恩令",允许诸侯王把封地传给多个儿子。这样一来,诸侯国就被越分越小,诸侯王的势力也被逐渐削弱。汉武帝还建立了刺史制,让刺史监督地方的工作,进一步加强了中央对地方的控制。

当时地方诸侯和富商煮海为盐、铸铁为钱,从而积累了大量的财富。他们操纵市场,严重影响社会经济的发展。刘彻将盐和铁的经营权收归国有,实行盐铁专卖,又统一铸造五铢钱,从而控制了国家的经济命脉,改善了国家的财政状况。

西汉初期统治者普遍崇尚黄老之学,奉行"君越无为,民越有为"的治国理念。这显然不符合刘彻的政治抱负。于是他"罢黜百家,独尊儒术",从此儒家思想一跃成为封建社会的正统思想和封建统治的精神支柱。

匈奴一直是汉朝的北境大患。"文景之治"后,国家空前强盛,刘彻举全国之力,开始大规模反击匈奴。卫青、霍去病等名将数次出征,使匈奴受到沉重打击,被迫遁逃漠北。

汉武帝在政治、经济、思想、军事等领域的强有力举措,巩固了自秦统一以来的大一统局面。从此,大汉帝国以统一、繁荣、强盛的姿态屹立于世界的东方。

汉武帝的茂陵是五陵原上规模最宏大的一座西汉帝陵。茂陵以及陪葬墓出土的陪葬品价值极高,被视作是"汉兴厚葬"的典型。

鎏金铜马

鎏金铜马是从汉武帝茂陵一号无名随葬坑出土的一件文物，现藏于茂陵博物馆。

鎏金铜马通高62厘米，长76厘米，重25.55千克。铜马通体鎏金，表面光洁，达到了极高的艺术水平。秦汉时期的铜马、陶马、玉马和石马等造型在考古中多有发现，但已出土的鎏金铜马却仅此一例。

鎏金铜马，作为一种艺术形象，实际上是从西汉武帝时期才开始登上历史舞台的。汉武帝时期，为了获取西域珍贵的汗血宝马，他曾派遣张骞出使西域，还派李广利等大将多次出征，最终获得宝马，从而使中原的马种得到了改良。这尊鎏金铜马的原型很可能就是饲养在上林苑或御厩中的汗血宝马。

鎏金铜马

鎏金银竹节铜熏炉

与鎏金铜马同时出土的还有大量珍贵陪葬品，很多器物和鎏金铜马一样，都刻着"阳信家"等字样，现存于陕西历史博物馆的鎏金银竹节铜熏炉就是其中之一。

鎏金银竹节铜熏炉通高58厘米，口径9厘米。整个熏炉由炉体、长柄、底座分铸铆合而成。熏炉通体鎏金錾银、精雕细镂，是一件极为罕见的艺术精品。

熏香的习俗在我国由来已久。战国时期人们就喜欢在室内放置各种熏炉，这样不仅净化了环境，还能营造出一种飘渺虚无的仙境氛围。鎏金银竹节铜熏炉的样式是典型的博山炉。它的炉盖像层层山峦，象征着传说中有神仙居住的"博山"。焚香时，青烟从炉盖袅袅飘出，缭绕在炉体上，呈现出山景朦胧、群山灵动的效果。秦汉时期，封建帝王为了求得长生不老之术，大都信奉方士神仙之说，博山炉就在这种风气影响下产生了，并在汉代广为流行。

鎏金银竹节铜熏炉

鎏金银竹节铜熏炉的炉口和圈足外侧都刻有铭文，通过铭文可知，它原是未央宫内所使用的物件，后来归属于阳信家。学者判断，这可能是汉武帝赏赐给阳信长公主及其丈夫大将军卫青的。

阳信长公主，即平阳公主。她是汉景帝刘启与皇后王娡的长女，因她早年的封邑在阳信，故汉武帝继位后尊她为阳信长公主。长公主早年曾嫁给开国功臣曹参的曾孙平阳侯曹寿，曹寿去世后她又改嫁给夏侯婴的曾孙汝阴侯夏侯颇。夏侯颇后来因和他人通奸而畏罪自杀，阳信长公主因而再度守寡。

有一次汉武帝祭扫霸陵归来，路过阳信长公主家。长公主不仅热情款待了她的皇弟，还特意在宴席上安排了歌女助兴。刘彻一眼就看中了其中一名叫做卫子夫的歌女，便将她带到了宫中。

与卫子夫一起入宫的，还有她的弟弟卫青。卫子夫原是平阳侯曹寿家的歌女，多年来一直陪伴和侍奉阳信长公主。她的弟弟卫青当时是长公主家的骑奴。

卫子夫入宫一年后得到了皇帝的临幸，不久便身怀六甲。当时的皇后陈阿娇，也就是"金屋藏娇"典故的女主人公,入宫多年一直未能为汉家生下龙子。陈皇后和她的母亲馆陶公主对卫子夫心生妒意,命人绑架了卫子夫在建章宫任职的弟弟卫青,意图杀害。幸得同僚公孙敖相助,卫青才脱离危险。汉武帝得知后,大为愤怒。作为补偿,他封卫子夫为夫人,封卫青为建章监、侍中。此后,卫子夫在后宫的地位拾阶而上,而卫青也一直跟随在皇帝左右,深得信任。

公元前129年,匈奴兴兵南下袭扰汉境。汉武帝任命卫青为车骑将军,率兵迎击匈奴。卫青果敢冷静,不仅有效阻击了匈奴骑兵的侵袭,还孤军深入,直捣龙城,一举捣毁了匈奴人的祭天圣地。卫青一战成名,被封为关内侯。

这一战,和他一起出征的公孙敖因无功而获罪。卫青出重金替他赎罪,算是对他当年出手搭救之恩的报答。

公元前128年秋,卫青再次出兵雁门关,他率领三万骑兵,长驱直入匈奴腹地,又一次取得大胜。同年,卫子夫为汉武帝生下皇长子刘据。母以子贵,卫子夫也随即被册立为皇后。

博山炉

公元前 127 年，汉武帝命卫青出兵河套，主动进攻匈奴。卫青采用迂回战术，绕到匈奴军的后方，切断了驻守黄河以南地区的匈奴白羊王、楼烦王和单于王庭之间的联系。然后又迅速率军南下，形成了对白羊王、楼烦王的包围，最终俘获敌军数千人。经此一役，汉朝完全控制了河套地区，解除了匈奴骑兵对长安的直接威胁。卫青功勋卓著，被封为长平侯。

公元前 124 年，卫青率领三万骑兵再次出击匈奴。这一战卫青千里奔袭匈奴右贤王部，俘虏匈奴一万五千余人、牲畜千百万头。汉武帝接到捷报，不等卫青班师，就派使者在边塞迎接，授他大将军印信，统领汉军。

茂陵石雕起马

卫青屡立战功,在官场扶摇直上,而阳信长公主却依然长期寡居。群臣纷纷建议长公主将卫青招为驸马。长公主对卫青心仪已久,却还故作推辞,说:"他从前是我家的下人,现在怎么能做我的丈夫呢。"群臣一致认为:"现在的卫青已今非昔比,他是大将军,他的姐姐又是皇后,身份富贵之极,这天下哪还有比他更配得上您的呢?"于是长公主欣然接受了这门亲事。

皇帝赐婚,大将军迎娶长公主,在当时也必然是一件轰动朝野的大事件。

大将军卫青功勋卓著,阳信长公主身份尊贵,阳信家得到皇帝赏赐的珍宝自然是不计其数。经鎏金打造的汗血宝马形象,是对大将军戎马一生的褒奖。

茂陵石雕石牛

而长公主或许也曾在历史的某一个角落里，面对鎏金银竹节铜熏炉，默默祈祷丈夫早日凯旋。

卫青常年在外征战，身体状况欠佳，早于阳信长公主撒手人寰。汉武帝命人在茂陵东北修建了一座形似阴山的墓冢，以表彰卫青的彪炳战功。长公主临终前主动要求与卫青合葬，也得以陪葬茂陵。

和卫青一样陪葬茂陵的，还有另外一位将星——霍去病。

公元前123年，年仅17岁的霍去病被汉武帝任命为骠姚校尉，跟随卫青出击匈奴。这一战霍去病率800轻骑长途奔袭，斩首匈奴两千余人，并俘虏了匈奴单于的叔父、丞相等人。霍去病勇冠三军，被汉武帝封为冠军侯。

公元前121年，19岁的霍去病被汉武帝任命为骠骑将军，出兵河西走廊祁连山一带。此战霍去病率军歼敌四万多，并携匈奴浑邪王归顺汉朝。从此，西汉帝国控制了河西走廊，为进一步打通西域奠定了基础。

公元前119年，霍去病和卫青分别率军深入漠北，寻找匈奴主力作战。霍去病率军北上两千余里，歼敌七万余人，最远抵达瀚海（今俄罗斯贝加尔湖附近），并在狼居胥山积土成坛，祭天以告成功。

霍去病战功卓著，汉武帝提出要为他建立府邸，他却坚决推辞，还留下了"匈奴未灭，何以家为"的千古豪言。

一代将星于公元前 117 年病逝，享年 24 岁。武帝非常悲伤，下令将霍去病墓修成祁连山的形状，以表彰他驱逐匈奴的赫赫战功。在霍去病墓的封土堆旁还矗立着一些大型的石雕。这些石雕作品均利用天然巨石雕刻而成，形态夸张，手法简洁，神情自然，栩栩如生，堪称汉代石雕中的珍品。

马踏匈奴石雕

马踏匈奴石雕，正是矗立于霍去病墓前的石雕之一。它巍然挺立，两千年来，一直守卫着霍去病的墓冢。

石马高 168 厘米、长 190 厘米，体形剽悍雄壮，神情镇定自如。一个匈奴士兵被石马踏倒在地，仰面朝天，虽已狼狈不堪，但仍凶相毕露，面目狰狞，手持弓箭做垂死挣扎。

汉代工匠用一人一马，高度地概括了霍去病戎马征战的丰功伟绩，也形象地表现出了大汉帝国的强盛以及在军事方面对匈奴的压倒性优势。

这尊雕塑作品综合运用了圆雕、浮雕、线雕等传统雕塑手法，使作品显得生动、凝练，又保持了岩石的自然美。尤其是在马的腿、股、头和颈部凿刻了较深的阴线，使勇敢而忠实的战马形象跃然而出、活灵活现。

卫青、霍去病出击匈奴，彪炳史册，被誉为"帝国双璧"。汉武帝在位的54年间，其中四十多年都在对匈奴作战。连年的征战也将"文景之治"的积累消耗殆尽。

公元前87年，汉武帝与世长辞。弥留之际，他召见霍去病的同父异母兄弟霍光，赐予《周公背成王朝诸侯图》，授意他辅佐年幼的汉昭帝刘弗陵。在霍光等人的辅佐下，西汉帝国历史上也曾出现了短暂的"昭宣中兴"，但终究难以比肩"文景之治"和"汉武雄风"。

五陵原上的西汉帝陵星罗棋布、规模宏大、气势磅礴，被誉为"中国的金字塔群"。这些帝陵之下封存着大汉王朝的兴衰，也封存着属于这个族群的文化记忆。

马踏匈奴石雕

拾叁 文景风貌

　　汉阳陵是汉景帝刘启与皇后王娡的同茔异穴合葬陵园。陵园以汉长安城为设计蓝本，整体呈方形，坐西向东。虽然西汉初期大兴节俭之风，但汉景帝阳陵规模宏大、布局规整、结构严谨，无不体现出大汉天子的威严。

　　在汉阳陵高大的封土四周，还簇拥着81条呈放射状排列的陪葬坑。陪葬坑内出土的侍女俑宽衣博带、美目流盼、风姿绰约；武士俑雄姿英发、披坚执锐、气势恢宏；动物俑种类繁多、写实逼真、生动可爱。这些陶俑流盼千年，重现了"文景之治"时期的社会生活风貌。

着衣式木臂陶俑

汉阳陵陪葬坑出土的着衣式木臂陶俑只有真人大小的三分之一左右，他们面部特征突出、表情惟妙惟肖。他们裸露的身体上原本安装着可以活动的木质手臂，还穿着丝质或麻质的服饰。历经千年沧桑，如今的他们双臂缺失、衣着腐烂，只剩下了赤裸的躯体。但缺失了木臂的陶俑做工精美、体型匀称，如同"断臂的维纳斯"，呈现出一种不可言喻的残缺之美。

这些陶俑的角色主要是武士、宦官、侍女、骑兵等，是陵墓主人财富和社会地位的象征。陶俑安装木臂，一方面，可能是因为这些陪葬品的功能和职责不尽相同，需要呈现出不同的身体形态，而木质的手臂要比一体成型的陶质手臂更加灵活。另一方面，灵活的木臂，也让华丽的外衣更容易被穿在陶俑的身上。

奴隶社会的帝王将相死后为了在另一个世界继续享受生前的荣华富贵，往往会以大量活人殉葬，这种现象在先秦时期非常普遍。随着奴隶制的崩溃，以活人殉葬的方式也逐渐被陶俑所替代。陶俑的出现，不得不说是人类文明的一大进步。同时，作为殉葬的陶俑往往也极度写实，秦始皇陵和汉阳陵出土的陶俑就很典型。

汉风 五陵帝冢 治世雄风

孔子认为，以这种和真人极度相似的陶俑作为殉葬品，也是极为不人道的。于是他高呼："始作俑者，其无后乎！"后来成语"始作俑者"常被用来形容那些为坏事开头的人。

着衣式彩绘陶俑还原像

塑衣式彩绘陶俑

在汉阳陵的陪葬坑内还出土了数量众多的塑衣式陶俑。与着衣式陶俑不同的是,这些塑衣式陶俑的衣服是被彩绘上去的,他们性别不同、形态各异,有跽坐俑也有直立俑。从形态上分析,这些人应该是宫廷内的侍者形象。他们或跽坐侍宴,或直立待命,或拥彗迎宾,职责分明、飘逸脱俗、妩媚祥和,是"文景之治"时期社会生活的真实写照。

塑衣式彩绘女俑

跽坐侍女俑

这一尊塑衣式彩绘跽坐侍女俑眉目细长、鼻梁纤巧、面带微笑、妩媚动人,俨然一位西汉丽人。她的头发从前额处中分,在颈后绾出一个发髻。不经意间还分出一缕秀发,自然下垂,落落大方、飘逸脱俗。

她身着汉服,双手藏在宽大的袖筒内,整个身体呈拱手半遮面的跽坐状态。她身上穿着三重曲裾深衣,由内至外分别是黄色、白色和紫色。袖口和衣襟处用彩色纹锦镶边,仙袂飘飘,华丽大方。

还有一些跽坐侍女俑双手向前平伸,最初可能还持有其他物品,像是在侍奉主人宴饮或观赏歌舞。

毫无疑问,这些都是奴婢的形象。秦汉时期,宫廷和诸侯以及富户都有蓄奴的现象。这些奴婢主要来自因获罪而没入官府的罪犯以及其家属,他们主要从事侍奉、洒扫、乐舞等劳动。

现代常见的凳子,是受少数民族影响才开始广泛使用的。文景之治时期中土还没有凳子,席地而坐是人们当时的主要起居方式,跽坐陶俑真实地还原了这一时期人们的生活风貌。

彩绘持物跽坐侍女俑

塑衣式彩绘跪坐侍女俑

持彗侍女俑

持彗侍女俑是塑衣式彩绘陶俑中的另一种。她的头发呈中分样式，在脑后挽髻；长相清秀端庄，眉目细长，鼻梁细挺，樱桃小口；头部微微低下，表现出谦卑和恭敬的姿态；身上穿着长襦，宽大的衣袖自然下垂，双手环抱于腹前，双拳上下叠加。

持彗侍女俑双拳中空，由此猜测，她们手上原来还握着一把"彗"。而木质的"彗"已经腐朽，所以就呈现出双拳中空、握于胸前的形态。"彗"类似于现代人们常用的扫帚。它最初的作用也是用来打扫卫生，但到了汉代，"拥彗"逐渐演变成了人们社交中的一种礼仪，用来表示对来访宾客的欢迎和尊重。于是，在达官贵族府内逐渐出现了拥彗迎宾的门吏，持彗侍女俑的原型正是汉代的拥彗门吏。

持彗侍女俑

游牧民族骑兵俑

在汉阳陵出土的骑兵陶俑中,还有一些高颧骨的人物形象,特别引人注目。这些骑兵颧骨高突、两腮下陷、面带微笑,似乎显示出对即将到来的残酷战斗的淡定和从容。专家认为,这些陶俑可能代表着从北方招募而来的善骑射的游牧民族骑兵。游牧民族骑兵的形象出现在汉景帝阳陵陪葬坑中,是"文景之治"时期胡汉交融的体现。

游牧民族骑兵俑

陶塑动物俑

在汉阳陵的外藏坑和陪葬墓内还出土了大量的陶塑动物俑,有马、牛、羊、猪、狗、鸡等,这些动物大多是作为天子墓葬中的肉食储备而存在的,是六畜繁荣的社会景象在汉景帝天国寓所的重现。

陶牛形象逼真传神,它身躯壮硕、四腿强健、颈部粗短、双耳斜伸、两眼外鼓,体现出一股倔强有力的牛气。

牛作为农业社会的重要畜力,在历朝历代都受到严格的保护。汉朝有禁杀耕牛的相关法律,皇帝也须严格遵守。正是因为"文景之治"以来牲畜得到了大蕃息,这才在皇帝的墓葬中出现了陶牛的形象。

陶牛

陶羊有绵羊和山羊之分。绵羊身躯肥胖、四肢细长、神态安详，大多涂褐红色。山羊身躯扁圆、胡须下垂、小尾上翘、温顺可爱，也保留有白色和褐红色的彩绘痕迹。

　　在人类历史上，羊被驯化较早，是人类乳品和肉食的来源之一。而在中国古代，羊在很长一段时间内则更多地被用于祭祀。到了汉代，随着民间的大规模养殖，羊才逐渐被视为乳品和肉食的来源。

　　陪葬的陶猪形神兼备、憨态可掬，他们大都身躯肥大、四肢矮壮、大腹下垂。在"事死如事生"的观念影响下，汉代工匠把用于陪葬的陶猪也有意识地分为雌、雄两种性别来塑造，希望他们能够继续繁殖，为墓主人在天国提供源源不断的肉食。

陶绵羊

陪葬坑内的陶狗分为狼狗和家犬两种,它们造型生动,刻画传神。狼狗虎视前方,长尾下垂。家犬四肢粗短,尾巴上卷。

在汉代,马、牛、羊、猪、狗、鸡被人们合称为六畜。其中马是重要的战略资源,牛也是农业生产所必不可少的畜力,所以马肉和牛肉并不是当时流行的主要肉食。当今社会虽然广泛流传"狗肉上不了大席面"的说法,食狗肉的行为也引起了很大的争议,但在当时,除了猪、羊、鸡之外,狗肉确实也是人们生活中必不可少的肉食之一。西汉开国大将樊哙早年就以屠狗为生,这说明当时屠狗已经成为一种职业。

自两汉以后,北方游牧文明和中原农耕文明进一步融合,人们的生活习惯和饮食结构也逐渐发生了变化。对于游牧民族而言,狗既是猎具,又是他们猎

陶母猪

物的守护者。出于各民族之间的相互尊重，食狗肉的习惯也逐渐被人们所摒弃了。

虽同为陶俑，汉阳陵出土的陪葬品无论形制还是内容，都与秦始皇兵马俑截然不同。汉阳陵的陶俑形制更小，这可能跟汉初提倡节俭的社会风气不无关系。而且汉阳陵出土的陶俑内容也更加丰富，不仅有兵士，还出现了大量的侍女、动物等形象。

汉阳陵的人物陶俑形象，无论是着衣或塑衣，他们的脸上都洋溢着神秘的微笑。这些表情流盼千年，与秦始皇兵马俑的严酷肃杀形成了鲜明对比，可见，在"文景之治"的盛世背景下，人们的仪容仪表也都变得更加祥和安逸了。

汗血宝马

陶家狗

拾肆 丝路古今

匈奴是大约在公元前 3 世纪兴起的一支游牧部族，在秦汉之际达到了全盛。西汉建国时，北方就一直面临着匈奴的威胁。

汉高祖时期，匈奴冒顿单于率军南下袭扰晋阳（今山西太原）。刚在马背上得天下的大汉天子老当益壮，决定御驾亲征，企图一举解除外患。然而朝廷上下都低估了匈奴的实力，结果刘邦被冒顿单于围困于白登（今山西大同以东），七日不得食，险些被困死。后来陈平献计，暗中贿赂冒顿单于的阏氏夫人，才得以解围。

刘邦驾崩之后，冒顿单于又给吕后传来书信，大体内容是说："尊敬的太后，我是一个孤独的君主，出生于沼泽之地，生长在草原之上，多次来到汉朝边境，希望能够参访中原。我刚失去夫人，而您也刚失去丈夫，我们两人何不一起生活，共同治理天下？"

吕后虽然恼火,但也无可奈何。彼时朝中新君羸弱,民间百废待兴,实在难以与匈奴人抗衡。于是她只得委屈求和,亲自修书冒顿单于,说:"虽然我也很想跟您在一起,但无奈我已年老,不能侍奉您。我准备了两辕大车和两匹宝马送给您,请您以后就不要再惦记我这个老太婆了。"

汉文帝时期,匈奴骑兵甚至一度深入甘泉,严重威胁着汉长安城的安全。直到景帝一朝,也还只能通过和亲的方式来换取短暂的和平。

汉武帝即位不久,从来降的匈奴人口中得知,在敦煌、祁连一带曾住着一个游牧民族,叫大月氏。他们因和匈奴人争夺草场而发生冲突,多次被匈奴人打败。大月氏首领被匈奴人杀死之后,头颅甚至被做成了酒器。大月氏大败于匈奴后被迫西迁,他们一直念念不忘和匈奴人的世仇。得知这一消息,汉武帝

决定联合大月氏，合击匈奴。然而大月氏人居住在遥远的西域，要和大月氏人取得联系就必须经过被匈奴人实际控制的河西走廊。这将是一次风险莫测的西行。于是汉武帝下达诏令，招募使者。

张骞，陕西城固人。汉武帝执政初期，张骞担任被称为"郎"的侍从官，并没有固定职务。看到诏令后，张骞毅然应募出任使者，开始了他的凿空之旅。

公元前138年，张骞率使团西出长安。途经河西走廊时，使团被匈奴骑兵抓获，张骞也被押送至匈奴王庭。在得知张骞的出行目的后，匈奴军臣单于质问张骞，道："要去大月氏，需要经过我匈奴的领地。如果我想取道你们汉朝领土而到南方的越国，你们能同意吗？"于是张骞一行被匈奴人扣留了下来。

在滞留匈奴期间，匈奴人百般拉拢张骞，甚至安排张骞娶妻生子。然而张骞始终牢记使命，不失汉节。公元前129年，张骞带领少数随从，从匈奴王庭成功逃脱。在居留匈奴的十年时间里，张骞学会了匈奴人的语言，对西域的山川地理和风土人情也有了初步的了解。

然而，在这十年时间里，西域的形势也发生了变化。乌孙国在匈奴的唆使下攻击大月氏，大月氏人再一次被迫向西迁徙，他们征服了阿姆河流域的大夏并重新建设了家园。张骞一行得知消息后只得改变既定线路，转向西南而行，在历尽千辛万苦后来到了大宛国。大宛早已听说过中原汉朝的繁荣富庶，期望和汉朝互通信使。汉朝使团的到来，令大宛国王喜出望外。在热情款待张骞等人之后，大宛国王又派翻译

张骞纪念馆

和向导一路陪同汉朝使团经过康居（今乌兹别克斯坦东南）最终抵达大月氏人居住的阿姆河流域。

阿姆河流域原来是大夏国的土地，国土肥沃，物产丰富，最重要的是这里距离乌孙和匈奴路途遥远。大月氏人来到这里后，逐渐改变了原来逐水草而居的习惯，慢慢地适应了定居的生活。彼时的大月氏人已无心再向匈奴人复仇，所以当张骞提出合击匈奴的主张时，并没有得到大月氏人任何的积极回应。

张骞在大月氏逗留了一年多，最终未能说服大月氏人，只好在公元前128年踏上了归国的旅程。为了避开匈奴人控制的地区，张骞选择了向南而行，希望通过羌人控制的地区回到中土。然而，当时的羌人也已经成为匈奴的附庸，张骞路过时再一次被扣留。公元前126年，匈奴发生内乱，张骞才得以逃脱，最终回到长安。

从公元前138年到公元前126年，张骞的西行持续了13年

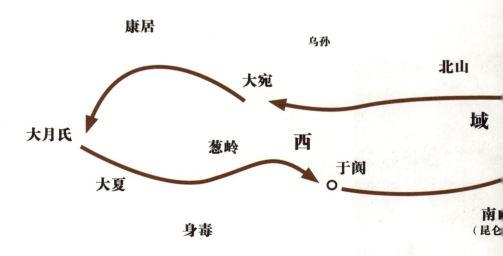

张骞第一次通西域示意图

之久。这一次远行,并没有达成联合大月氏共同抗击匈奴的既定目标,但是他出使西域的影响,却已远超军事范畴。通过这次史无前例的探险,汉朝人对西域的地理、物产、风俗习惯等开始有了比较详细的了解,为开辟通往西域的交通奠定了坚实的基础。

公元前119年,张骞再次奉命出使西域。汉朝使团这一次不仅到达大宛、康居、大月氏、大夏等国,还抵达波斯、印度、犁轩(今埃及亚历山大港)等地。至此,汉朝与西域之间的交通初步建立,一条横贯东西的通道把汉朝同西域诸国紧密地联系了起来。

自从张骞凿空西域以后,汉朝和西域之间的物质和文化交流也日渐频繁,丝绸无疑是这条通道上最具代表性的商品。1877年,德国地理学家李希霍芬在他所写的《中国》一书中,首次把这条通道称作"丝绸之路"。从此,这一说法得到世界各地的普遍认可。

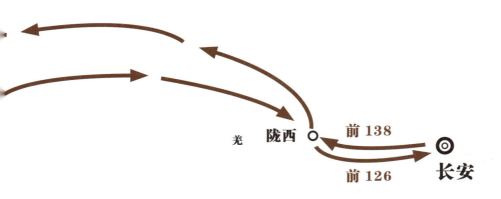

博物馆里的周秦汉唐

丝绸，特指用蚕丝织成的丝织品。中国人养蚕制丝的历史非常悠久。传说，黄帝的妻子嫘祖在树上意外发现了一种白色的果子，这种果子食之无味，还不易咀嚼，但是从这些果子里竟然能抽出雪白的丝线。后来嫘祖发现，这并不是什么野果，而是蚕吐丝结成的茧。于是人们慢慢探索出养蚕制丝的方法，丝绸就这样神奇地诞生了。

汉代丝绸残片

汉代鎏金铜蚕

1984年12月，陕西安康石泉县农民谭福全在河水中淘金时，发现了一条金光灿灿的"蚕"。这条铜蚕长5.6厘米，胸围1.9厘米，胸高1.8厘米。首尾共9个腹节，胸脚、腹脚、尾脚均完整无缺，体态呈仰头吐丝状，制作精致、造型逼真。1985年9月，谭福全来到西安，把这只铜蚕捐献给了当时的陕西省博物馆。经专家鉴定，这是一只汉代的鎏金铜蚕，是西汉皇帝褒奖蚕桑生产的御赐之物。

相传，张骞出使西域归来后，受到汉武帝的嘉赏，特准他回陕西城固老家省亲。途中张骞看到故乡遍地种植桑麻，村里随处可见纺织作坊。他便把故乡人民养蚕织丝、安居乐业的状况报告给了汉武帝。汉武帝听后龙颜大悦，随即下令朝廷铸造鎏金铜蚕，奖励给养蚕纺织大户。

以上传说的真伪已无从考证，但这只鎏金铜蚕的出土说明汉代的养蚕缫丝业确实已经发展到了一定的规模。相关资料显示，当时的丝织品颜色鲜艳，花纹多样，做工极为精致，不仅在国内很受欢迎，而且已经通过丝绸之路远销国外了。

2017年5月14日，国家主席习近平在"一带一路"国际合作高峰论坛开幕式上发表的主旨演讲中说："2000多年前，我们的先辈筚路蓝缕，穿越草原沙漠，开辟出联通亚欧非的陆上丝绸之路；我们的先辈扬帆远航，穿越惊涛骇浪，闯荡出连接东西方的海上丝绸之路。古丝绸之路打开了各国友好交往的新窗口，书写了人类发展进步的新篇章。中国陕西历史博物馆珍藏的千年'鎏金铜蚕'，在印度尼西亚发现的千年沉船'黑石号'等，见证了这段历史。"

"一带一路"是习近平主席在2013年出访中亚和东南亚国家期间提出的，旨在促进多国合作共赢的伟大倡议。近年来，这一倡议已经得到了全球100多个国家和国际组织的积极响应和支持。

两千多年前，随着古丝绸之路的开通，东西方文明开始珠联璧合、交相辉映。自西汉以来，丝绸之路上的驼铃声始终不绝于耳。今天，以三秦大地为东方起点的古丝绸之路也必将在"一带一路"伟大倡议下焕发出新的时代光彩。

鎏金铜蚕

唐韵

千载碑林　万世长安

公元618年，高祖李渊称帝，创立唐朝，定都长安。后经贞观之治，到了开元年间，唐朝在文化、政治、经济、外交等领域的成就均达到了顶峰，成为当时世界上最强盛的国家。

然而，一片歌舞升平之下，突如其来的安史之乱成了大唐王朝国运的分水岭。中晚唐时期藩镇割据加剧，牛李党争、外族入侵不断，盛极一时的大唐王朝在风雨中摇摇欲坠。

唐朝末年长安城战火不断，原立于务本坊国子监内的开成石经和石台孝经等碑石被弃置于荒野，京兆尹韩建不忍石碑遭受破坏，便将它们搬迁到位于城防范围内的文宣王庙保存。到了北宋时期，这些碑石又被关学大儒吕大忠搬迁到了京兆府学。数年后，文宣王庙在京兆府学旧址重建，这些文化瑰宝被尽数收入其中，成为西安碑林的源头。

今天的西安碑林已有近千年的历史，博物馆内收藏文物11,000余件，唐代文化遗存尤为丰富。如林耸立的碑石背后，有大唐王朝的荣辱兴衰，有书法家颜真卿的家国情怀，有中华文脉的活水之源，也有包罗万象的盛世长安。

拾伍 碑林访唐

隋朝末年,烽烟四起,直到公元621年,华夏大地依然不得太平。虽然李渊已于三年前称帝,定国号为唐,但王世充、窦建德等军阀依然拥兵自重,随时有可能和大唐三分天下。于是李渊派次子李世民进军洛阳,意图一举歼灭王世充势力。

昭陵六骏

在邙山之战中,李世民身先士卒,孤军深入敌营。然而王世充的军队早已有所察觉,并将李世民重重围困。在奋力突围时,李世民所骑乘的战马飒露紫不幸被流矢射中。已是寡不敌众,倘若再失去战马,只能坐以待毙。千钧一发之际，李世民的近臣丘行恭率领唐军拍马赶到。飒露紫中箭，已不能负重。于是丘行恭将他的坐骑让给了李世民，自己断后掩护。丘行恭和飒露紫相依为命，他对敌军张弓四射，箭无虚发，使敌人不敢靠近。危机解除之后，丘行恭怜惜战马，又为它一一拔除身上的箭矢。

昭陵六骏之飒露紫

昭陵六骏之白蹄乌

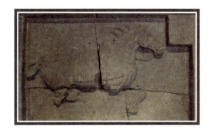

昭陵六骏之特勤骠

昭陵六骏之青骓

昭陵六骏之什伐赤

中箭后的飒露紫垂首偎人,眼神低沉,臀部稍微后坐,四肢略显无力。丘行恭相貌英俊威武,身穿战袍,头戴兜鍪,腰间佩戴宝刀和箭囊。他右手拔箭,左手抚摸战马,尽显对战友的关爱。唐代大画家阎立本以他精湛的画技还原了这一温情的历史瞬间,其兄阎立德又亲自操刀雕刻,为后世留下了一件不朽的石雕作品。

像飒露紫这样的雕塑作品共有六件,它们分别名为白蹄乌、特勤骠、青骓、什伐赤、拳毛䯄和飒露紫,都是李世民一生征战所骑乘过的骏马形象。飒露紫是六骏中唯一有人物形象的作品,雕塑上正在为战马拔箭的将军正是丘行恭。

昭陵六骏之拳毛䯄

博物馆里的周秦汉唐

　　李世民早年南征北战，功勋卓著，以至封无可封。作为唐高祖次子，他和以李建成为首的太子党之间的矛盾也日渐加剧。在公元626年的玄武门之变中，李世民射杀太子李建成，为进一步荣登大宝扫清了障碍。同年李渊退位，李世民登基，是为唐太宗，从此开启了长达二十三年的"贞观之治"。

乾陵雪景

唐太宗驾崩后，入葬昭陵。陪伴他的昭陵六骏，是他生前赫赫战功的象征，也是他所开创的贞观盛世的见证。

昭陵六骏每件宽约200厘米、高约170厘米，造型优美，雕刻线条流畅，刀工精细圆润，堪称石刻艺术中的珍品。然而，飒露紫和拳毛䯄却在民国时期被文物商倒卖到了美国，现存于宾夕法尼亚大学考古学与人类学博物馆。其他四骏也曾有过类似的遭遇，幸运的是，它们在转运过程中被当地群众截获，几经辗转，现保存于西安碑林博物馆。

唐太宗晚年曾纳开国功臣武士彟之女入宫，封五品才人，赐号"武媚"。太宗晚年多病，武才人常侍左右。期间她与太子李治相识，并相互产生了爱慕之心。太宗逝世后，武氏被唐高宗李治封为二品昭仪。武氏其人工于心计且心狠手辣，正是李治政治上所需要的得力帮手。于是她很快就被册立为皇后，时常协助皇帝料理朝政，还与高宗李治并称"二圣"。

高宗逝世后，武氏所生第三子李显继位，是为唐中宗。李显庸弱，武氏进一步把控朝政。李显也曾试图重用皇后韦氏一族，培养自己的政治势力。武氏察觉后大为恼火，随即将李显废为庐陵王。

中宗被废后，武后又立其第四子李旦为皇帝，为唐睿宗。然而李旦登基伊始就被母亲软禁，不仅不能参与政事，甚至连最基本的人身自由都没有。

公元690年，李旦禅让，武氏即皇帝位，自称"圣神皇帝"，改国号为周，成为一代女皇。

自太宗以后，唐朝皇帝大都庸弱，但武氏主政期间文化复兴、百姓富裕，颇具"贞观遗风"。一代女皇的统治，也可谓"上承贞观，下启开元"。武氏逝世后与李治合葬乾陵，立无字碑，千秋功过任由后人评说。

女皇之后，李唐复辟，唐中宗李显再次登基。武氏被李显尊为"则天大圣皇帝"，后世称她为武则天。

李显早年颠沛流离，韦皇后始终不离不弃，在被贬往房州的途中还为他生下了安乐公主。据说公主出生时，由于途中条件过于简陋，李显只能解下自己的衣服来包裹刚出生的孩儿。安乐公主也因此得名李裹儿。李显二次登基后自觉亏欠韦后母女太多，于是对她们百般骄纵。

然而母女二人并不知节制。韦后私通武三思（武则天之侄）秽乱后宫，致皇家颜面荡然无存。李裹儿权欲熏心，肆意扰乱朝政。最终在权力的诱使下，母女二人合谋毒死了李显，又立韦氏幼子李重茂为皇帝，改元唐隆。韦氏临朝称制，欲仿效婆婆武则天，篡夺李唐江山。

朝堂之上风起云涌，朝堂之外亦是暗流涌动。为了匡扶社稷，李旦的儿子李隆基在长安暗中招揽豪杰，并联合姑母太平公主发动了"唐隆政变"，诛杀了韦皇后和安乐公主一党，重新拥立父亲李旦登上皇位。

生于李唐宫闱多事之秋，李旦和兄长李显一样，他们的命运从来就不在自己掌控之中。但兄弟二人又性格各异，人生归宿也迥然不同。李旦被后世认为是一位恬淡无为的皇帝，他不贪恋皇位，数次禅让，在风云莫测的政治漩涡中保全了自身，还在颠沛流离的岁月里培养出了像李隆基这样优秀的子嗣。

乾陵无字碑

景云钟

李唐皇族向来崇信道教,甚至追李耳为远祖。唐睿宗李旦恬淡无为的性格,或许和他崇信道教不无关系。相传,为了寻求修身和治国之道,李旦曾向天台山道士司马承祯求教,并将司马承祯和他的论道比喻为广成子对轩辕皇帝的说教。

李旦有一次外出巡游到周至,当晚在梦中见到霞光满天、祥云缭绕。梦醒时分,顿觉心旷神怡,他认为这是道家罕见的吉兆,于是下令铸造铜钟以作纪念。

一口高 2.47 米、腹围 4.86 米、口径 1.65 米、重达 6 吨的大铜钟很快铸成,钟身装饰华丽,龙、凤、狮、牛、鹤、飞天等图案纹饰相得益彰。睿宗皇帝更是不惜重墨,亲自为这口钟撰写了铭文。景云钟上的铭文共 292 字,书体兼具隶书的飘逸和楷书的端庄,是唐睿宗传世极少的珍贵书迹。在铭文中他阐述了景龙观的来历、铸钟的原因和经过,并对铜钟大加赞赏。他还不忘弘扬道教教义,说希望愚昧无知的人听到钟声都能恢复聪慧,迷失方向的人听了以后可以大彻大悟……

凤

鹤

狮

景云钟

铜钟铸成后，即被安置在了长安著名道观景龙观的钟楼内，时称景龙观钟。因铸造于唐睿宗景云年间，所以又被后人称为景云钟。

景云钟在历史上几经辗转，1953年被移入西安碑林保存。

1964年，当时的中央人民广播电台台长率团来到西安碑林寻访景云钟。专家们将景云钟重新悬挂起来敲击，不料历经千年沧桑的古钟依然能发出清晰洪亮的声音。钟声录制完成后即被送往日本参加当年举办的世界名钟大赛，景云钟当之无愧地获得了"世界名钟"的称号。从此，景云钟的声音作为新年钟声，通过中央人民广播电台的电波在华夏大地上一直回荡至今。

纵观唐睿宗李旦一生，恬淡无为，明哲保身。他二次临朝后不久，又禅位于儿子李隆基，为李唐王朝奏响了盛世的钟声。

唐玄宗李隆基亲政初期，大唐王朝已经过了百年的发展，加之他励精图治、知人善用，革除了自武则天以来的诸多弊政，这一时期国力昌盛、政治清明、社会安定、文化繁荣，史称"开元盛世"。

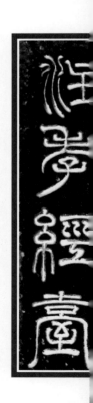

石台孝经

身处太平盛世的玄宗皇帝开始反思唐初的一系列弊政以及造成宫闱纲常混乱的原因。玄武门手足相残，武后改唐立周，韦皇后、安乐公主、太平公主强势干政，这一幕幕乱象不断地在他脑海中浮现。李隆基认为，一切的混乱都源于孝道的缺失。于是他适时提出了"以孝治天下"的理念，希望在"孝"的感召下至少皇家内部的秩序可以得到有效整饬。

于是唐玄宗诏令群儒修订《孝经》，并亲自为《孝经》作注解，扩展"孝"的内涵，把晚辈对长辈的伦理之孝延伸到臣子对君王的纲常之孝。

《孝经》是一部以"孝"为核心的儒家伦理思想著作，大约成书于秦汉时期，但流传到唐代的时候已经残缺不全。正是玄宗一朝修订了《孝经》，才使这一古老的经典得以流传至今。

经典修订完毕，大臣李齐古上《石台孝经表》，奏请唐玄宗为《孝经》"特设石台，以垂百世"。于是唐玄宗又为《孝经》作序，并亲自书丹，刊刻后将其立于三层石台之上，后世称之为《石台孝经》。

石台孝经碑额

石台孝经原石

落成后的《石台孝经》造型精美，尽显皇家气派。碑首以三重卷云华盖为装饰，高贵典雅。碑额由太子李亨（后来的唐肃宗）篆写，内容为：大唐开元天宝圣文神武皇帝注孝经台。碑身由4块黑色细石合成，华丽庄重。碑身四面刻字，是《孝经》原文以及唐玄宗所作的序和注释。碑文中的书体既有楷书的雍荣华贵，又兼具隶书的古朴典雅，可谓独树一帜。这是唐玄宗将他所擅长的楷书和隶书杂糅在一起所开创的"玄宗体"，也称"开元体"。碑座由三层石台堆砌而成，石台四面还刻有蔓草和瑞兽的图纹。

《石台孝经》落成以后，即被安置在唐长安城务本坊的国子监孔庙内，作为后世《孝经》的正本，供天下读书人观瞻学习。

作为今天西安碑林的"迎客第一碑"，《石台孝经》深得近代梁思成和林徽因等人的推崇。建国后他们主持设计的人民英雄纪念碑，就是对石台孝经碑造型创意的借鉴。

石台孝经局部

据说，唐玄宗当年因失去宠爱的武惠妃而终日郁郁寡欢，后来又对儿子寿王李瑁的王妃杨玉环非常着迷，日思夜想以致茶饭不思。在高力士的建议下，他令皇子们前往国子监孔庙学习《孝经》。《孝经》之精义在于顺。顺者，以父母之愿为己愿，以父母所想为己想。寿王因此受到启发，最终以孝道为重，主动献出了自己的王妃。杨玉环后来被册封为贵妃，因其绝美的相貌和超凡的音乐舞蹈造诣深得玄宗皇帝宠爱。

《石台孝经》后来又几经搬迁，最终于北宋元祐年间来到西安碑林，成为西安碑林的历史源头。与《石台孝经》同时收入西安碑林的还有被誉为"中华文化元典"的《开成石经》。

碑林一角

开成石经

在中国古代,想要出人头地,入仕做官可谓是唯一的途径。两汉时期,地方官员对吏民进行考察,以品行和舆论为标准选拔人才,然后推荐给中央。这种选官的制度被称为"察举制"。相对于先秦时期以血缘关系为基础的分封和世袭制度,"察举制"已然具有很大的历史进步性了。到了东汉末年,曹操又创立了"九品中正制",由中央政府委派"中正官",以三等九品的标准品评和选举人才。但人才的命运往往受"中正官"个人喜恶影响巨大,政治权利逐渐被门阀世族所垄断,导致官场腐败、吏制昏暗不堪。

到了隋朝,"科举取士"制度应运而生,并在唐朝得到了充分的传承和发扬。在这一制度下,身处社会中下层的寒门子弟也能通过寒窗苦读而走上从政之路,在为国家做贡献的同时,实现自己"朝为田舍郎,暮登天子堂"的人生理想。

然而,即便是在文化繁荣的唐朝,书籍依然不是大众触手可及的物品。在纸张被普遍用作书写材料和印刷术得到大规模推广之前,文字都刻在竹简或写在绢帛之上。一片竹简的文字承载量毕竟有限,也不便于携带和流通。绢帛更是珍贵的丝织品,书写成本过高。志在扬名科举场的学子们为了获取书籍往往要跋山涉水寻师访友。而即便获得了相关书籍,这些文字也只能通过誊抄的方式传播。在笔误之下,大量的知识混乱也随之产生,

《周易》局部

《尚书》局部

《诗经》局部

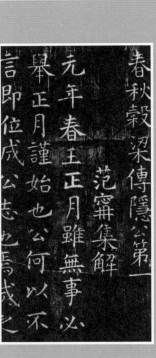

《春秋公羊传》局部

《春秋谷梁传》局部

《论语》局部

《礼记》局部

《仪礼》局部

《春秋左氏传》局部

《尔雅》局部

《孟子》局部

开成石经

严重影响了科举考试的公正性和严肃性。

为了确保经典的准确和权威，唐文宗接受国子监郑覃的建议，开启了一项国家级的文化工程——刊刻儒家典籍。十二部儒家典籍由艾居晦、陈介等人用楷书分写，历时七年，到了开成二年（公元837年）终于刊刻完成，是为《开成石经》。

《开成石经》由114块巨大的青石组成，包含十二部儒家典籍。他们分别是《周易》《尚书》《诗经》《周礼》《仪礼》《礼记》《春秋左氏传》《春秋公羊传》《春秋谷梁传》《论语》《孝经》和《尔雅》。

石经刊刻完毕后即被置于长安城务本坊的国子监内，供知识分子拓印传习。

到了清康熙年间，又一部儒家典籍《孟子》刊刻完成，从此"儒家十三经"齐聚西安碑林。

这一部皇皇巨制共刻经文650,252字，被誉为"最重的图书馆""古代高考教科书""中华文化原典"等。

在唐代，因为"科举取士"制度的推行，自魏晋南北朝以来门阀世族垄断政治权利的格局被彻底打破。《开成石经》金石永固，从经典中涌出的涓涓活水，滋养了一代又一代的读书人。他们通过科举参与治国理政，为国家的长治久安和文化的持续繁荣贡献了知识的力量。

拾陆 大唐真卿

  颜真卿，祖籍山东琅琊，于公元709年出生在京兆长安，当时的大唐王朝即将进入"开元盛世"。

  少年颜真卿在母亲殷氏的教诲下勤奋好学，对书法也表现出了浓郁的兴趣。他26岁中进士甲科，开始步入仕途，但初涉官场的颜真卿显然对书法更为痴迷。在礼泉县尉任上的颜真卿曾一度辞官，带着自己的书法作品前往洛阳，希望追随名噪一时的大书法家张旭学习。

  张旭见到颜真卿，仔细审视了他的书法，说："你的字已经写得很好了。现在国家正值用人之际，你是国家的栋梁之才，不要再在书法上花费太多的时间了。只要你能勤加练习，书法造诣自然会有所长进。"

  颜真卿又恳求道："勤奋练习的道理我自然懂得，但我现在最想学习的是行笔落墨的技巧，还请您指教。"

张旭笑道:"我见公主与担夫争路而察笔法之意,见公孙大娘舞剑而得落笔神韵。我除了苦练就是善于观察,其实也没有什么技巧。"

颜真卿拜师不成,又回去做官,历任长安县尉、监察御史等官职。可他在书法研习中总是有诸多不解之处,于是又一次辞官寻访张旭。张旭被他的一片赤诚感动,最终将自己用笔的一些技法传授给了颜真卿。颜真卿得到张旭真传后,又扎实苦练、潜心钻研,"颜体"书风逐渐形成。

颜真卿雕像

多宝塔碑

《多宝塔碑》,全称为《大唐西京千福寺多宝佛塔感应碑》,是颜真卿早期书法作品,成书于"颜体"风格渐成之时。

传说,天宝年间,长安千福寺的楚金禅师在夜诵《法华经》时,眼前出现了多宝佛塔的幻象。他立志要把幻觉中的多宝佛塔变为现实,于是开始筹资建塔。无独有偶,玄宗皇帝在梦中也感应到了千福寺多宝佛塔的存在,于是次日便派遣内侍前往验证。内侍一进寺门,映入眼帘的是一座正在建设中的宝塔,竟和皇帝所描述的梦境如出一辙。楚金禅师礼佛之心感通帝梦,轰动长安。唐玄宗对此也颇为惊奇,于是赐钱50万、绢1000匹以资修塔,还亲笔为多宝塔题写了塔额。

有了皇帝题写的塔额,多宝塔一时风光无两。被李白呼作"岑夫子"的南阳人岑勋挥笔撰文,阐述了多宝塔修建的起因和过

多宝塔碑原石

唐韵　千载碑林　万世长安

程，同时他还不惜浓墨赞叹佛法的精妙。书法家徐浩撰写碑额，颜真卿书丹碑文，又经碑刻大家史华刊刻，《多宝塔碑》乃成。

《多宝塔碑》通篇字体结构严谨，点画圆整，秀丽刚劲。这一年颜真卿44岁，沉雄浑厚、大气磅礴的颜楷风格还没有完全定型，但《多宝塔碑》已初现颜氏格调，是研习颜体楷书的入门级作品。故书法界有"习书先习楷，习楷先习颜，习颜先习多宝塔"的说法。

颜真卿为人刚正不阿，素来为宰相杨国忠所不喜。就在多宝塔碑落成后第二年，他就被排挤出了京师，前往平原郡（今山东德州）任太守。而此时的大唐王朝已是山雨欲来风满楼，那一场撼动国运的浩劫一触即发。

颜真卿的平原郡隶属安禄山的管辖范围。他上任伊始就察觉到了安禄山谋反的迹象，于是借故巩固城防、招募壮丁、储备粮草，以备不时之需。

公元755年，安史之乱爆发。叛军势如破竹，朝廷一时措手不及。河北诸郡大多都被叛军攻占，而颜真卿依然在平原郡坚守抗敌。玄宗皇帝听说颜真卿的事迹后，感慨地说："我之前并不了解颜真卿，没想到他竟然这么出色！"

多宝塔碑局部

祭侄文稿

当时颜真卿的堂兄颜杲卿正在常山郡（今河北正定）太守任上，颜氏兄弟联合十七郡义军英勇抗敌，一度有效拖住了叛军南下的步伐。颜真卿更是得到了广泛的拥护，被推举为河北十七郡义军总盟主。

安史叛军逼近长安，玄宗被迫携杨贵妃西逃，留下太子李亨坚持抗战。公元756年，李亨北上，在灵武登基，是为唐肃宗。颜真卿在河北寡不敌众，于是他且战且退，最后西渡黄河与朝廷汇合。唐肃宗任命他为工部尚书兼御史大夫，后又授他宪部尚书。

颜杲卿镇守的常山郡也最终在史思明的强攻下沦陷，颜氏一门30余口全部遇害。颜真卿的侄子颜季明生前常奔走于平原和常山两地，为颜氏兄弟传报军情。颜真卿向来看重这位爱侄，对他的死悲痛万分。

唐肃宗乾元元年(758)，颜真卿命人在河北寻访到了颜季明的尸首。他手捧遗骨，悲愤交加，挥毫疾书，一气呵成，写就《祭侄文稿》。这篇祭文浑然天成，毫无雕饰，文随情绪起伏，书法气势磅礴，被誉为"天下第二行书"，在行书作品中的地位仅次于王羲之的《兰亭集序》。

《祭侄文稿》又名《祭侄赠赞善大夫季明文》，现藏于台北故宫博物院。

颜真卿后来又几经宦海沉浮，却始终为官有道、政绩突出。到了唐代宗时期，颜真卿晋爵鲁郡开国公，食邑三千户。故后人又称颜真卿为颜鲁公。

争座位帖

唐代宗广德二年（764），吐蕃入侵长安，朝廷启用大将郭子仪平叛。叛乱平息后，代宗皇帝亲率文武百官在长安城安福寺设宴，迎接凯旋之师。宴会上，尚书右仆射郭英乂把宦官鱼朝恩的座位安排在了仆射一排，礼遇竟高于六部尚书。鱼朝恩虽为宦官，但他当时独掌禁兵，又深得皇帝器重，于是文武百官对他的僭越行为都敢怒不敢言。

颜真卿向来对鱼朝恩颇为不屑，对郭英乂的谄媚之举也深感厌恶。宴会后回到家中的颜真卿依然怒气难平，于是奋笔疾书，先痛斥郭英乂的谄媚，又历数鱼朝恩之骄横，一封名为《与郭仆射书》的书信很快完成。这封书信全文以行书为主、草书为辅，书体自然优雅、飘逸奔放、虎虎生威。颜真卿刚正耿直、朴素敦厚的性格跃然于纸上。郭英乂也是科举出身，胸中颇有文墨，对颜真卿的书法推崇有加，于是这封书信竟被他留存了下来。后经北宋安师文刊刻，得以流传至今，现存于西安碑林。

这封书信因争座位事件而起，故又名《争座位帖》。

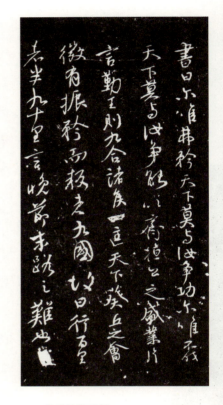

争座位帖局部

郭家庙碑

颜真卿和郭子仪同朝为官多年,相交甚笃。在"争座位"事件发生的同一年,郭子仪欲为其父郭敬之立碑于家庙,颜真卿亲自撰文并书丹了《郭家庙碑》。

《郭家庙碑》全称《有唐故中大夫使持节寿州诸军事寿州刺史上柱国赠太保郭公庙碑铭并序》。碑额上"大唐赠太保祁国贞懿公庙碑"的隶书字样,为唐代宗李豫所题写。碑阳为颜真卿撰文并书丹,共30行,每行58字;碑阴刻有郭子仪兄弟子孙的官职和姓名。

安史之乱后,颜真卿屡遭贬谪,生活方式频繁转换,人生体验更加丰富,艺术体味也愈加深邃。《郭家庙碑》成书于颜真卿56岁之时,这一时期的"颜体"书法渐臻炉火纯青之境。

郭家庙碑局部

颜勤礼碑和颜家庙碑

公元 779 年，唐德宗继位，颜真卿被任命为吏部尚书，后又授太子少师、太子太师。太子太师，官从一品，是颜真卿一生所担任的最高官职。

年逾古稀的颜真卿，官运亨通，踌躇满志。这一年他为曾祖父神道碑撰文并书丹，成《唐故秘书省著作郎夔州都督府长史护军颜君神道碑》，简称《颜勤礼碑》。颜真卿在碑文中追述了颜氏祖辈的功德，记叙了后世子孙在当朝的功绩。他还提到了颜氏一族祖籍琅琊，以及他的五世祖颜之推迁徙到长安的家族历史。

颜之推是北齐名士，他所著《颜氏家训》世代流传。颜氏后人以家训修身立德，颜真卿高尚的人格大抵也得益于颜氏家风的熏陶。

公元 780 年，颜真卿又为其父颜惟贞立碑，名为《唐故通议大夫行薛王友柱国赠秘书少监国子祭酒太子少保颜君碑铭》，简称《颜家庙碑》。碑文中记述了颜氏家族后裔的仕途以及经学治世的基本情况。碑额为李阳冰篆书"颜氏家庙之碑"，碑文则是颜真卿的楷书。李阳冰是当时的篆书大家，故《颜家庙碑》被后世誉为"楷篆双绝"。

颜勤礼碑局部

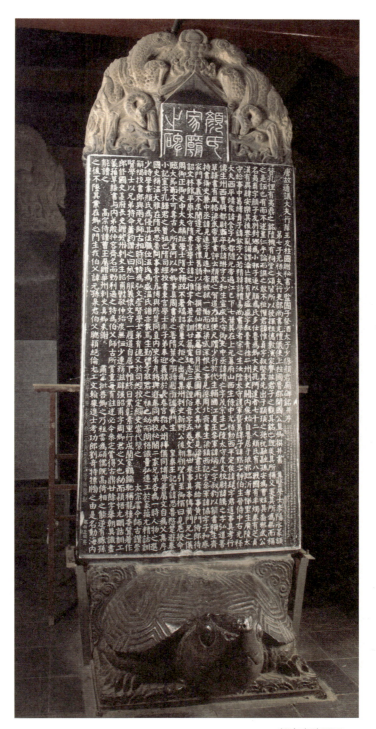

颜家庙碑原石

《颜勤礼碑》和《颜家庙碑》均书于颜真卿古稀之年，这一时期颜真卿人书俱老，所以《颜勤礼碑》和《颜家庙碑》也被认为是颜真卿楷书艺术的巅峰之作。

颜真卿一生刚正不阿，为官有声，历玄宗、肃宗、代宗、德宗四朝，官至太子太保，封鲁郡公。公元784年，他在平息淮西李希烈叛乱中大义凛然，为国捐躯，获谥号"文忠"。

后人评价颜真卿"人如其字，字如其人"，是对他高超书法艺术和崇高人格的双重赞扬。

颜真卿的事迹和精神对后来人也产生了深远的影响。唐宣宗时期有一位名叫郑熏的礼部侍郎，就对颜真卿极为崇拜。唐朝沿袭了隋朝开创的科举取士制度，为国家选拔人才。唐大中八年（854），科举如期举行，郑熏是那一届的主考官。进士及第中有一位姓颜名标的人引起了郑熏的注意。他觉得颜标的文章颇有颜真卿的风格，一心以为此人就是颜真卿的后代，即将他点为状元。谁知此举却闹出了一个天大的笑话，颜标祖籍河南，而并非山东琅琊，亦非京兆长安。

好在颜标也是一位有气节的忠君爱国之士，他后来在饶州刺史任上抵抗王仙芝叛乱，为国捐躯，终不辱同姓大唐真卿风骨。

颜家庙碑局部

拾柒 书有五体

中国文字出现的年代很早。6000多年前的彩陶器皿上就已经有了规整的刻画符号；3000多年前的甲骨上也出现了细劲挺直的文字；进入青铜时代，器皿上的铭文进一步丰富，书法也日趋齐整。

甲骨文、青铜器铭文，以及战国时期出现的石鼓文，从书体上来讲，均属于大篆。

秦始皇统一后，丞相李斯主持简化了大篆，从而形成一种字形修长、笔画圆润的字体，后人称之为小篆或秦小篆。

峄山刻石

李斯是秦朝著名政治家、文学家和书法家。他早年曾师从荀子，学习帝王之术，学成之后入秦为官。秦始皇统一六国之后，李斯向秦始皇提出了"书同文"的建议，禁用各诸侯国留下的古文字，一律以秦篆为统一书体，于是就有了秦小篆。

为了使统一后的文字得到更好地推广，李斯还亲作《仓颉篇》七章，作为学习课本，供时人临摹。但今人能看到的李斯真迹已如凤毛麟角。

秦始皇曾于公元前219年出巡山东，并登上峄山（今山东邹县东南）。他登高远望，满怀激情地对群臣说："朕既到此，不可不加留铭，遗传后世。"于是丞相李斯当即作文，并派人在峄山上刻立碑石，史称《峄山刻石》。《峄山刻石》是传世不多的李斯书法作品。

但由于年代久远，加之战乱，原始的《峄山刻石》已经被毁坏。现存的《峄山刻石》摹刻版本众多，宋代刊刻的南唐徐铉摹本被公认为是最佳版本。

隶书是在秦小篆的基础上发展而来的，盛行于汉朝，是当时的主要书体，相传是秦朝末年的程邈在狱中所整理创造的。这一书体蚕头燕尾、笔势飞动、姿态优美。

峄山刻石

曹全碑

《曹全碑》于明朝万历年间在郃阳（今陕西合阳）莘里村出土，全称为《汉郃阳令曹全碑》。因为曹全字景完，所以又叫《曹景完碑》。曹景完是东汉末年郃阳县令，在任上曾率军民镇压黄巾起义，颇有政绩。当地民众于是立碑为他歌功颂德。

《曹全碑》全文共849字，以隶书刊刻，用笔方圆兼备，字体匀整，风致翩翩，美妙多姿，是汉隶书法的代表。

楷书从隶书逐渐演变而来，更趋简化。因字体规矩整齐，辨识度更高，所以又有"正书"和"楷法"之称。

唐代是楷书的鼎盛时期。初唐欧阳询笔力险峻，结构独异，后人称他的书法为"欧体"；盛唐颜真卿的楷书丰腴雄浑，结体宽博而又气势恢宏，骨力遒劲而又气概凛然，人称"颜体"；中唐柳公权楷书结体遒劲，字字严谨，一丝不苟，被后世称为"柳体"。此三人和元代的赵孟頫，并称"楷书四大家"。其中颜真卿和柳公权的书法又有"颜筋柳骨"之称。

曹全碑局部

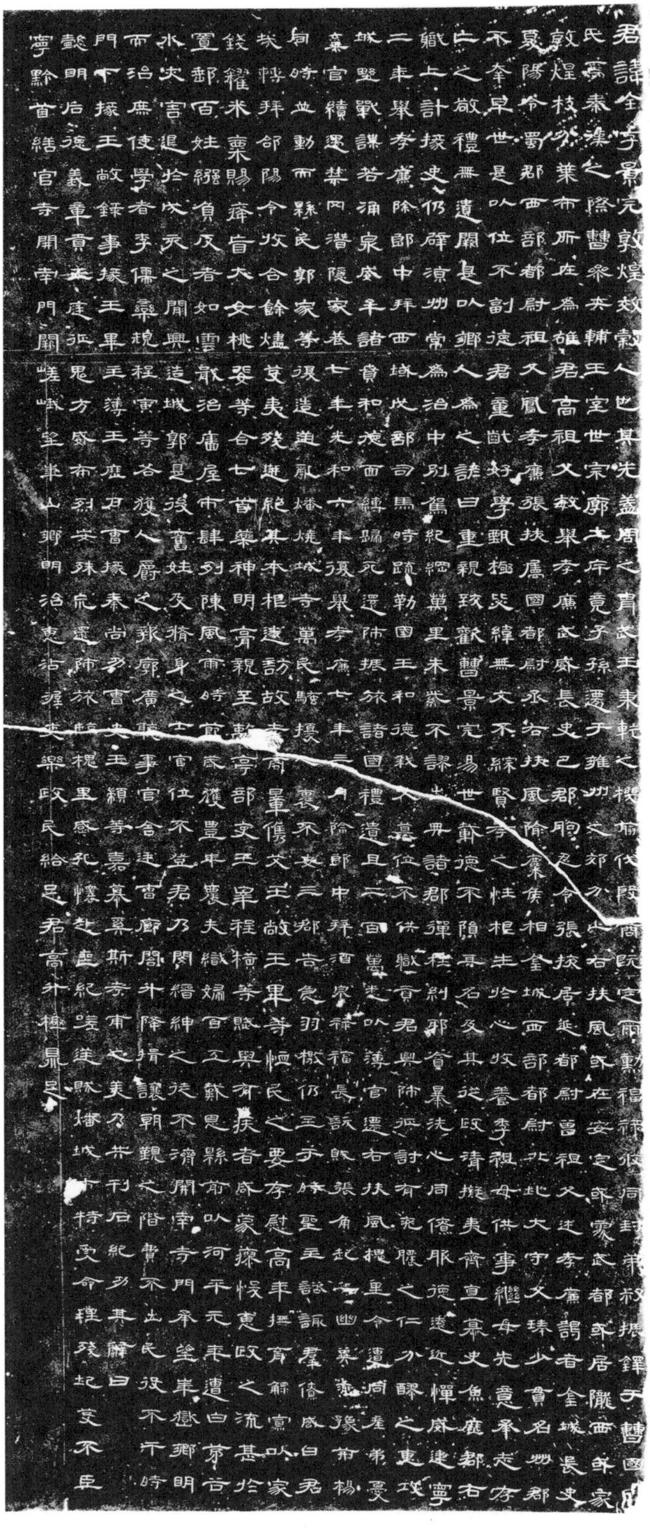

曹全碑

玄秘塔碑

《玄秘塔碑》是柳公权的楷书作品之一，碑文字迹清瘦、结构严谨、气势雄迈、骨鲠气刚、神韵耿介，是柳公权书法中的精品，被历代学习"柳体"书法的人们奉为圭臬。

《玄秘塔碑》刻于唐武宗会昌元年(841)，是为当时安国寺上座大达法师所立的纪念碑。全碑共有1200多个字，由柳公权书丹并篆额。碑文主要叙述了大达法师的生平以及他在德宗、顺宗、宪宗三朝蒙受朝廷恩宠的事迹。

唐韵 千载碑林 万世长安

行书被认为是楷书的快写，它不及楷书工整，也没有草书飘逸。行书中带有楷书或接近于楷书风格的书体叫作行楷，带有草书或接近于草书风格的书体叫作行草。

晋穆帝永和九年（353）三月三日，时任会稽内史的王羲之与友人谢安、孙绰等四十一人会聚兰亭，赋诗饮酒。王羲之将诸人所赋诗作编成诗集，并亲自作序。这篇序文就是《兰亭集序》。

《兰亭集序》以"天下第一行书"闻名天下，据说唐太宗李世民对它爱不释手，最终把它带进了昭陵。

玄秘塔碑局部

归去来兮辞刻石

行书在北宋时期颇为流行，出现了苏、黄、米、蔡四大家。其中苏轼和黄庭坚亦师亦友，但他们的书体却呈现出迥然不同的风格。苏轼的字呈"头向上斜，脚向下伸"的结构特点，黄庭坚评价他老师的书体风格为"石压蛤蟆"。苏轼也不示弱，调侃黄庭坚的书体像是"树梢挂蛇"。

《归去来兮辞》是东晋著名诗人陶渊明的一篇散文，这篇文章也代表了山水田园派散文的最高成就，受到历代推崇。苏东坡对这篇散文喜爱有加，并多次进行再创作。

现陈列于西安碑林的《归去来兮辞刻石》可谓是"两绝帖"，即陶渊明文章一绝、苏轼书法一绝。

《说文解字》中说："汉兴有草书"，可见草书的起源很早，在汉朝就已经存在了，但是草书艺术的真正巅峰却是在唐代。书法家张旭和怀素，合称"癫张狂素"，是草书艺术集大成者。到了今天，草书的审美价值已经远远超越了其实用价值。

東坡真蹟

予喜淵明歸去來辭，
辭曰集字為詩六
首

稻安東皋清有趣
植杖日臨坦
雲岫不知遠巾車
命駕欲何向欣春
行復前僕夫尋
老木童子引清泉
鴇首悵傲出委心
懷樂天農夫告春
事扶老向良田
世事兀吾予駕言
鄉語尋問時迷自
命乞日佶余氣亭
內歸蕪壑憲前風
人葉寓誰知己老
掇木倦鶯臨
寓貴良非頗鄉
關歸壺休擕榮
已矣輕象酒復

木榮世之善佳復鄉
老日將迎言盼流泉
遠風前飛鳥輕相
携疏衡宇盼海話
友情
涉世悵松役苦休戚
老夫良欣既歸路
不復向迷途主往
引觴壺
猶菊行田欲姜
情親有還往清語
興世不相入勝榮聊
盡歡風光歸笑
傲雲物寄遊觀言

經丘躋景將人
消泉欣流老農
人未坐我獨興之
遊
元豐甲子九月廿三
日眉山軾書

廣陵同鎬張升周瑄同
觀於嶽起問時重九日

肚痛帖

《肚痛帖》刻于北宋仁宗嘉祐三年（1058），是临张旭的草书摹刻而成的，共30字。内容为："忽肚痛不可堪，不知是冷热所致，欲服大黄汤，冷热俱有益，如何为计，非临床。"

这是张旭某日忽感肚痛而写的一篇便签，写成后估计也是随手丢弃了之。但张旭在当时的名气实在太大，他的草书和李白的诗歌、裴旻的剑舞被合称为"三绝"。于是这一纸便签也流传了下来，后来被临摹、刊刻成碑，被今人奉为草书经典。

《肚痛帖》虽随手写来，但张旭用笔顿挫婉转、刚柔并济，书体千变万化、神采飘逸，极有情趣，作者肚痛的过程和心理变化跃然于纸上，充分表现出了"颠张"狂草书法艺术的美感。

肚痛帖刻石

藏真帖

《藏真帖》是怀素的自传体草书帖，记载了他向颜真卿学习书法的过程和心得体会。

《藏真帖》通篇以行书为主，间以草书。自首字"怀"至第十五字"恨"，笔势开阔，速度不急不慢；从"不与"至"偶逢"，书写速度陡然加快，但字形依然保持大小匀称；"长史相识"四字欹侧之势增大，分间布白与开合关系明朗；到了"近于洛下偶"五字，又稍显稳正；由"颜尚书"至文末"也"字，跌宕起伏，情迫意切，书写快意，以至于遗漏了文字，最后又补写了"八法"二字。

《藏真帖》艺术成就非常高，读者从字里行间明显能感受到作者在书写过程中的感情变化。

中国汉字传承数千年，现在依然在全球范围内被普遍使用。篆书、隶书、楷书、行书、草书作为中国书法的五种基本书体，它们在历史上有一定的传承关系，同时又呈现出不同的风格。历朝历代书法名家辈出，他们将文字的书写演绎成一种艺术，这在世界范围内也是独树一帜的文化现象。西安碑林收藏的历代书法名碑众多，因碑石如林而闻名，是中国书法艺术的殿堂。

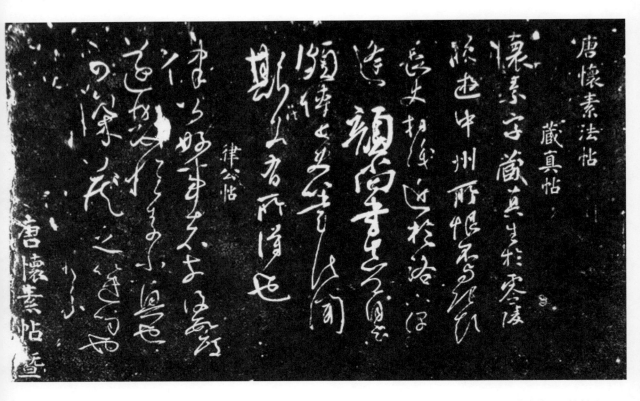

藏真律公二帖刻石

拾捌 荟萃长安

　　华夏文明兼容并蓄，历经五千年沧桑而延绵不绝。三千年前周公所创礼乐制度经孔子传承和发扬，在先秦时期和三教九流百家争鸣，共同构建起博大精深的文化体系。秦朝完成了疆域上的统一，继而统一了度量衡和文字，为汉武帝的政治、经济、文化大一统奠定了基础。魏晋南北朝时期，游牧文化与农耕文化持续碰撞，传统文化与外来文化深度融合，故有的文化体系得到了进一步丰富。唐朝统治者对外来文化兼容并包，华夷一家，唐长安城一度呈现出海纳百川、包罗万象的文化氛围。

　　唐时，因仰慕华夏民族高度发达的经济和文化，来长安城朝觐、留学、进行学术交流和经济贸易的遣唐使、学者、僧侣络绎不绝。外来文化以基督教和佛教为主要代表，在唐代的长安城都得到了充分的发展和广泛的传播。

大秦景教流行中国碑

景教，即基督教的聂斯托利派，是由君士坦丁堡大主教聂斯托利在公元 5 世纪所创立的。他主张"二性二位说"，认为玛利亚只是作为人的耶稣的母亲，而并非作为神的基督之母。这一观点为正统基督教派所不容，于是他被革职流放，聂斯托利派也在欧洲颇受排斥。之后，基督教的聂斯托利派被迫东传，辗转叙利亚和波斯等地，最终在公元 7 世纪的中国重新获得了生存的土壤。

唐太宗贞观九年（635），大秦国（唐代对东罗马帝国的称呼）传教士"大德阿罗本"带着景教经书抵达长安。虽然唐初社会普遍崇道，但太宗皇帝对外来文化也表现出了浓郁的兴趣以及包容的态度。他先命宰相房玄龄隆重迎接，后来又亲自接见，并允许阿罗本在长安建寺传教。

《大秦景教流行中国碑》由景教传教士伊斯出资、景净叙述、吕秀岩书写，于唐德宗李适建中二年 (781) 在长安大秦寺落成，当时的景教已在长安传播了一百多年。这通石碑阐述了景教的基本教义，记载了景教在唐朝百余年的传播

大秦景教流行中国碑碑额

盛况，也表达了对时任主教伊斯的歌颂和赞美，是基督教传入中国的最早物证。

碑文还记载："代宗文武皇帝恢张圣运，从事无为，每于降诞之辰，锡天香以告成功，颁御馔以光景众。"意思是说，在唐代宗时期，每逢圣诞节，皇帝都会给景教信众赏赐天香，并提供美食。

开放的唐朝以无比博大的胸襟接纳了这些来自异域的精神流浪者，并帮助他们在华夏文明的土壤中重新焕发生机，这是包罗万象的唐长安城特有的文明气度。

《大秦景教流行中国碑》落成六十多年后，适逢唐武宗灭佛。寺院被强行拆毁，僧尼被迫还俗，史称"会昌法难"。这场浩劫也殃及景教，忠实的景教信徒为免石碑受损，将它深埋于地下。盛极一时的景教在历史长河中逐渐沉寂了。

明熹宗天启三年（1623），《大秦景教流行中国碑》在西安重见天日，随即被就近移入金胜寺保存。这一重大发现立即引起基督教会的高度重视。纷至沓来的信徒们将碑文翻译成多种语言，使之广为流传。从此《大秦景教流行中国碑》在世界范围内名声大噪，与《罗塞塔石碑》《摩押碑》《阿兹特克授时碑》并称世界考古史上的四大名碑。

《大秦景教流行中国碑》命途多舛。清光绪年间，一位名叫何尔漠的丹麦籍"记者"来到西安，计划偷偷把石碑运到西方。何尔漠先是用重金收买了当时保存碑石的金胜寺住持，阴谋秘密雇人仿制，再乘机用偷梁换柱之计将真碑骗走。但百密一疏，他的诡计还是被当地民众识破了。一番交涉之后，何尔漠只被允许带走那通他仿制的石碑。后来为了避免国宝再遭不测，时任陕西巡抚曹鸿勋下令，将《大秦景教流行中国碑》转移到了西安碑林。

《大秦景教流行中国碑》的碑文主要是汉字，但碑脚及左右碑侧也出现了大量的古叙利亚文，主要记载的是景教僧侣的名字以及他们在教会内部的职

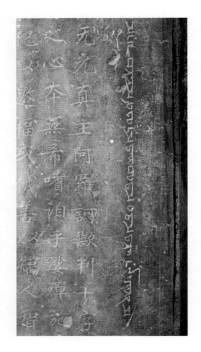

大秦景教流行中国碑上的古叙利亚文

位。曾经高度发达的两河文明早已难觅踪迹，但他们古老的文字却在开放包容的唐长安城实现了异地封存。时至今日，碑石上的这些文字更显弥足珍贵。

佛教正式进入中国，相传是在东汉明帝时期。

据说，汉明帝有一次做梦，看见身材高大的金人飞到了他的宫殿。次日早朝时，他将梦境分享给了群臣。太史官知识渊博，告诉皇帝，梦中金人正是西方的圣人——佛陀，此梦可谓祥瑞。于是汉明帝派遣使团西行，最终从北天竺请回了迦叶摩腾和竺法兰两位高僧。他们白马驮经，来到洛阳，被安排在国家接待外宾的官衙——鸿胪寺，享受国宾礼遇。皇帝还特意为他们修建了寺院，即被誉为中国汉传佛教祖庭的洛阳白马寺。

大唐三藏圣教序碑

佛教传入后，很快在中土获得了大量信众，历朝历代僧侣对于佛法的钻研和追求也从未止步。鸠摩罗什来华译经、法显西行求法，持续的双向交流，进一步促进了佛教文化在中国的传播。到了隋唐时期，佛教空前繁盛，唐长安城高僧辈出、名寺林立。

《西游记》中玄奘西行求经的故事，在中国家喻户晓。唐太宗面对求经归来的玄奘，非常欣喜和钦佩，对他在佛学方面的成就也是推崇有加。太宗皇帝还曾两次邀请玄奘还俗从政，但均被拒绝，于是他安排玄奘在长安的弘福寺中翻译佛经。为了妥善保存玄奘西行带回的佛经、佛像等，由唐朝政府斥资、玄奘亲自设计，在皇家寺院大慈恩寺内修建了一座佛塔，名为慈恩寺塔，又名大雁塔。

玄奘潜心译经数年，略有所成，上表请求唐太宗为他翻译的经书钦赐序文。皇帝欣然答应，历时两年，

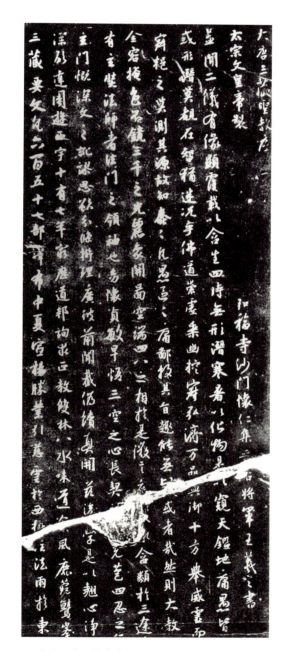

大唐三藏圣教序碑

作成《圣教序》，他还令时为太子的李治作《述三藏圣记》，表彰玄奘的功德。

大臣们为了使皇帝的力作永垂后世，便筹备刻碑立石。弘福寺高僧怀仁和尚深知太宗皇帝酷爱东晋王羲之书法，于是决定集字刊刻圣教序碑，并亲自承担集字拼文的工作。怀仁和尚呕心沥血，从王羲之遗稿中拼集文字，花费了24年时间，《大唐三藏圣教序碑》碑文乃成，立于长安弘福寺中。

因为这通碑文是集王羲之字体而刻的，所以又称《集王圣教序碑》。相传，当时怀仁和尚曾在民间以一金换一字收集王羲之书稿，因而此碑又有"千金帖"之称，可谓西安碑林里"最值钱"的一通石碑。

《大唐三藏圣教序碑》的内容除了唐太宗写的序、唐高宗写的记之外，还有玄奘给皇帝的谢表以及玄奘翻译的《般若波罗蜜多心经》。

玄奘法师一心求法，百折不挠，唐朝统治者不遗余力支持佛教的发展和传播。大唐王朝对外来文化的开放包容，都在《大唐三藏圣教序碑》上得到了体现。

不空和尚碑局部

唐韵 千载碑林 万世长安

不空和尚碑

《不空和尚碑》，全称《唐大兴善寺故大德大辩正广智三藏和尚碑》，刻立于唐德宗李适建中二年（781），是唐代著名书法家徐浩的作品。徐浩出身于书法世家，在唐代一度与颜真卿齐名，有"颜徐"之称。徐浩文思敏捷、书法精妙，因此在唐肃宗时有很多诏令都出自他手。

《不空和尚碑》的碑文主要颂扬了印度僧人不空三藏将佛教密宗传入中国的事迹。

不空生于狮子国（今斯里兰卡），13岁拜高僧金刚智为师，后来又在东都洛阳的广佛寺受戒，并协助师父金刚智翻译佛经。公元741年，不空和尚接受唐玄宗李隆基之命，作为大唐国使从南海郡（今广东广州）登船，前往狮子国。来自天朝上国的不空，在狮子国受到了上宾礼遇。在停留狮子国的三年时间里，他广泛搜集和学习各种经书和论述，佛法造诣得到进一步提升。

回国复旨后，李隆基批准他在净影寺开坛灌顶，并从事译经工作。后来不空又受河西节度使哥舒翰邀请，将佛法弘扬到

不空和尚碑

了更远的河西走廊地区。

安史之乱爆发后，不空回到长安，入住大兴善寺。他上表建议唐肃宗大范围寻访传入汉地的佛教经典，并表示愿意亲自予以修补和翻译。据《宋高僧传·唐京兆大兴善寺不空传》记载，以不空为首的翻译团队在大兴善寺历时十七载，译成佛经一百一十余部。同时他还积极灌顶传法，教化四方，接受他灌顶的僧人更是数以万计。

公元774年，不空和尚圆寂。唐代宗大为悲痛，宣布辍朝三日以示哀悼，同时赐他谥号大辩正广智不空三藏和尚。

不空和尚和金刚智、善无畏并称"开元三大士"，他们于开元年间在长安城译经弘法，创立了中国佛教密宗，人称"唐密"。西安大兴善寺也因此被尊为汉传佛教密宗的祖庭。

不空和尚的弟子惠果还曾在长安青龙寺向日本和尚空海传授密宗，空海回国后又将密宗传到日本，创立了日本佛教真言宗。《不空和尚碑》不仅体现了唐朝政府对外来文化的包容，也为密宗东传提供了有力的依据。

唐长安城繁荣富庶、开放包容，万国文化荟萃。阿罗本远道而来，将异域思想带入长安，进一步丰富了华夏文明的内涵，也为唐人带来了生活方式上的改变。而纷至沓来的各国遣唐使和留学生，沉迷于包罗万象的华夏文明。他们在唐长安城生活学习，又将华夏文明传播到了更遥远的疆域。唐代的长安城，不畏外来文化冲击，以无比博大的胸怀接纳异域思想，展示出了高度的文化自信。

及至当代，对本民族文化的自豪与自信依然是华夏文明赓续传承、屹立于世界文化之林的基因密码。不忘本来，吸收外来，面向未来，高度的文化自信必将托举起民族复兴的伟大梦想。

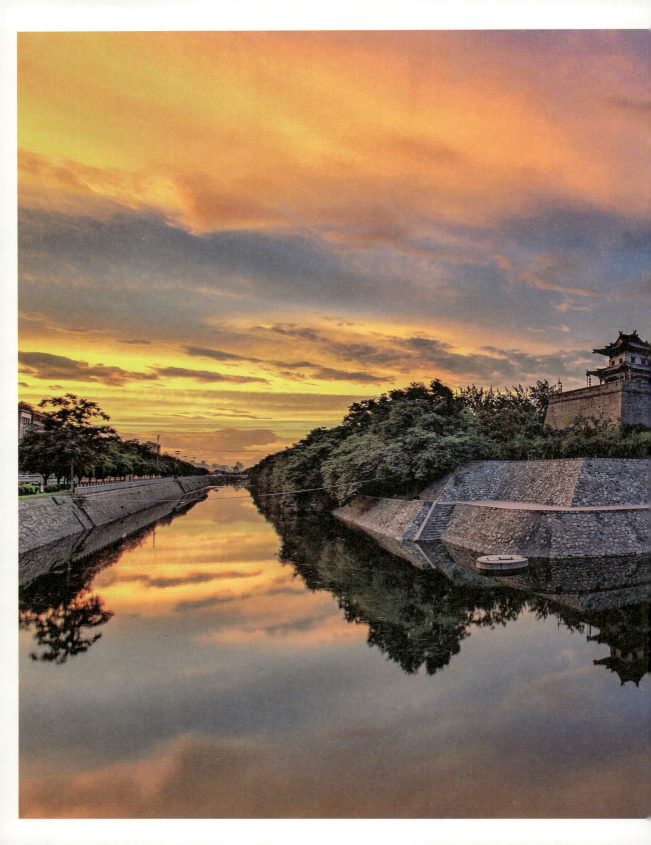

终章

扶轼瞻远　顾辙思由

中唐时期，韩愈文起八代之衰，掀起了一场影响深远的古文运动。在这场时跨唐宋的文化盛宴中，文学巨匠层出不穷，其中以"唐宋八大家"最负盛名。此八人中，除了唐代的韩愈和柳宗元、北宋的欧阳修和他的学生曾巩以及主持了"熙宁变法"的王安石之外，苏家父子苏洵、苏轼、苏辙"三苏"的名字亦赫然在列。我们不禁好奇：苏家父子究竟拥有怎样渊博的才学，以至于能在"唐宋八大家"中占有接近半数的席位？

要回答这个问题，我们不妨从苏轼、苏辙兄弟二人的名字出发，开始一段文化探索之旅。

公元907年，唐朝灭亡。经过五代十国的短暂动荡之后，北宋王朝又让华夏大地恢复了往日的欣欣向荣。苏洵出生的公元1009年，正值北宋的繁盛时期。他少时任侠壮游，直到二十七岁才开始发奋苦读。虽天赋异禀，胸中也颇有文墨，但苏洵始终未能在科举场上鱼跃龙门。数次落榜之后，他心灰意冷，转而将希望寄托在两个儿子的身上，并亲自教授他们读书学习。

北宋嘉祐二年（1057），苏洵携二子赴京赶考。苏轼、苏辙同榜及第，老父亲苏洵也因之名噪京城。他的文章开始得到文坛领袖欧阳修等人的推崇，在坊间广为流传。

在谈及苏轼、苏辙名字的由来时，苏洵在他的文章《名二子说》中有明确的表述。"轼"是车前用作扶手的横木，属于马车上可有可无的构件。为儿子取名苏轼，是希望他能像马车上的"轼"一样，放低身段、注意"外饰"，不可自以为是、锋芒毕露。而"辙"则完全是车外之物。马车有任何功劳，都跟"辙"毫无关系。但即使车翻马毙，也决怪罪不到"辙"的头上。为子取名苏辙，寓意趋福避祸、平安顺遂。

一代文学巨匠为儿子起名的灵感，竟源自古代的马车，这确实是一件匪夷所思的事情。因为即便是在今天，普通老百姓都未必会草率地给儿子起"车扶手"或"车轮印"这样粗俗的名字。但"轼"与"辙"二字经苏洵这样引申运用，竟也显得寓意深远、回味悠长。

更不可思议的是，苏洵一语成谶：苏轼一生虽诗、文、书、画造诣皆登峰造极，但终因锋芒毕露，而在官场历尽坎坷；苏辙的一生，还真平安顺遂，无灾无难直到公卿。

苏洵写《名二子说》时，苏轼与苏辙均已是翩翩少年。而他们的名字，显然是在出生后不久就已经确定的。由此观之，苏洵文中对于"轼"和"辙"的解读，更像是对二人不同性格的分析，抑或根本就是他自己的人生感悟。他给儿子们取名"轼"和"辙"的初衷，今天的我们看来是很难揣测了。

陕西历史博物馆陈列着一些青铜车马器。一日，笔者徜徉于博物馆中，注意到了展览背后的一幅古代马车复原图。

图上的马车前方有一根横木，标识文字为"轼"，正是苏轼的名字。今天的我们不难想象，由于马车颠簸，古人乘车时如需眺望远方，则必须手扶身前的"轼"，以确保安全。成语"扶轼瞻远"即由此引申而来。乘车时如果回顾身后，看见车辙，我们往往会回想起自己的来时之路。由此也引申出一个成语，叫"顾辙思由"。

按常理推测，即便苏洵才高八斗，他也不可能未卜先知，在儿子出生之时就预见两人的性格，再依此为二人取名。但如果从"扶轼瞻远"和"顾辙思由"两个成语出发，去揣测苏轼兄弟名字的由来，我们则完全有理由相信：希望苏轼怀揣梦想，遥望远方；希望苏辙不忘初心，稳步前行，或许才是苏洵的本意。

若非如此，为什么苏轼字"子瞻"，而苏辙字"子由"？若果真如此，他们的名字在时下最确切的释义，应是"苏梦想"和"苏初心"了。

老苏学识渊博，从二子名字，则可见一斑；苏轼青出于蓝，才华横溢，光照古今；苏辙文如其人，汪洋澹泊，未必劣于其兄。苏门父子三人，均堪称大家，位列"唐宋八大家"，实至名归。

自唐以降，曾经俾睨天下的长安城失去了作为国家政治和经济中心的显赫地位。但华夏文明已将其历史上最光辉灿烂的篇章永久地封存在了三秦大地上，化作子孙后代取之不尽、用之不竭的智慧源泉。

在汇聚着华夏文明精髓的众多博物馆里，还有更多的智慧等待我们去探索和汲取。